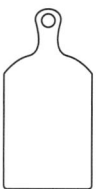

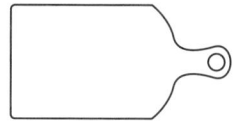

쟁반 위의 만찬, 프렌치 플래터

PLANCHES À PARTAGER

사브리나 포다 롤 지음 | 배혜정 옮김

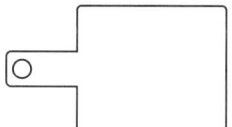

차례

다채로운 맛과 멋을 담은 프렌치 플래터 6
만드는 방법 8
도구 10
빵, 크래커 12
채소 14
곁들이는 재료 15

크림 버터 플래터

마늘 버터, 레몬, 피망 18
가염 버터, 호두, 무화과 20
허브 정어리 버터 22
크리미 페타 치즈 24
스칸디나비아식 크림치즈 26
휘핑 리코타 치즈 28
그릭요거트, 하리사, 잣 30
휘핑 페타 치즈, 토마토와 올리브 32
후무스와 절인 병아리콩 34
후무스, 석류와 잠두콩 36
차지키 플래터 38
구아카몰 플래터 40
그릭요거트와 절인 콩 42
고구마 퓌레와 곡물 페스토 44
완두콩 크림 46
바바 가누쉬 48

치즈&샤퀴트리 플래터

모차렐라 치즈와 구운 채소 52
부라타 치즈, 매운 살라미, 비트 54
가을철 스트라치아텔라 56
구운 카망베르 치즈 58
향을 가미한 쿨로미에 치즈 60
치즈볼 62
치즈와 스파이시 건과 64
치즈와 가향 버터 66
샤퀴트리와 타임 크래커 68
푸아그라 70
이탈리안 샤퀴트리 72
클래식 믹스 74
샤퀴트리, 무화과와 구운 아몬드 76
프렌치 믹스 78
래디시 피클 믹스 80
배 처트니 믹스 82
치즈와 호두 크림 84
이베리코 86
호빅 크림 믹스 88

컬러풀 플래터

- 삼색 후무스 92
- 겨울 무지개 94
- 가을 무지개 96
- 해산물 플래터 98
- 스프링롤 100
- 그린 플래터 102
- 구운 콜리플라워 104
- 버터넛 호박구이와 훈제 연어 106
- 아이올리 플래터 108
- 콥 샐러드 110
- 닭구이와 페타 치즈 112
- 참치 타다키 114
- 소고기 그릴 116
- 낙지, 홍합, 가리비 118

타르틴&피자 플래터

- 염소 치즈 토핑 미니 피자와 올리브 딥 122
- 타코 124
- 치즈 듬뿍 크로크무슈 126
- 가지, 모차렐라, 참치, 파프리카 크로스티니 ... 128
- 더블 피자 플래터 130
- 무이예트, 딥과 달걀 반숙 132
- 과일 치즈 타르틴 듀오 134
- 참치 마요네즈와 송어 오이 타르틴 136
- 배, 페스토, 치즈 타르틴 138
- 따뜻한 타르틴과 차가운 타르틴 140
- 치즈 타르틴과 신선한 채소 142
- 리예트를 올린 향신료 빵 144
- 핫도그 146

미트볼&꼬치 플래터

- 구운 닭꼬치 150
- 양송이와 구운 닭꼬치 152
- 카레 두부 꼬치 154
- 꿀을 바른 할루미 치즈 꼬치 156
- 당근과 구운 연어 꼬치 158
- 아코디언 꼬치 160
- 티안식 꼬치 162
- 소시지와 구운 옥수수 꼬치 164
- 소고기 가지 꼬치 166
- 방울토마토 불레트 168
- 머스터드 닭가슴살 불레트 170
- 잠봉 파마산 꼬치 172
- 참치 라이스 불레트 174

달콤한 플래터

- 과일 플래터 178
- 초콜릿 플래터 180
- 잼, 꿀, 버터 182
- 브런치 184
- 동화의 나라 186

다채로운 맛과 멋을 담은 프렌치 플래터

플래터는 나무 또는 대리석 재질의 도마나 스테인리스 쟁반 등 평평하고 널찍한 판 위에 치즈, 샤퀴트리, 빵, 과일, 스낵 등 각종 음식을 조화롭게 배열해 놓은 모둠 요리를 말한다.

풍성한 담음새로 시각적인 즐거움을 주며 재료의 구성에 따라 골라 먹는 재미가 있어 크고 작은 모임의 안주나 홈파티 메인 요리로 활용하면 좋다.

치즈 플래터, 과일 플래터, 해산물 플래터, 바베큐 플래터 등 주재료에 따라 다양한 이름으로 불린다.

복잡한 조리 과정 없이 재료 손질만 잘해도 누구나 쉽게 준비할 수 있지만 재료를 고르고 담는 안목과 센스가 필요하다.

〈쟁반 위의 만찬, 프렌치 플래터〉는 프랑스 요리 전문가의 큐레이션으로 탄생한 플래터 스타일링 북이다. 식전에 먹는 애피타이저 형식의 간단한 플래터부터 7~8명이 나눠 먹도록 푸짐하게 구성된 플래터에 이르기까지 모임의 성격이나 식사의 종류에 따라 고를 수 있는, 80여 개의 다양한 플래터를 소개한다.

모든 플래터는 최고의 맛 궁합을 자랑하는 다양한 재료들로 구성돼 있으며, 재료의 질감과 크기, 색깔에 따라 다채롭게 구성된 플레이팅 스타일로 보는 재미를 선사한다.

만드는 방법

1.
소스나 향신료 등 양념 재료가 담긴 볼을 플래터 중앙이나 모서리 쪽에 배치한다. 나머지 재료들이 놓일 위치를 눈으로 대강 정해 놓는다.

2.
치즈나 샤퀴트리 등 큰 재료를 볼 주위에 올린다. 먹기 편한 동선(예를 들어 야채 옆에 소스, 빵 옆에 치즈와 샤퀴트리)과 색의 조화를 고려하며 플래터의 완성된 모습을 시각화한다.

3.
볼 주변에 작은 크기의 재료들을 배치한 후 생야채, 건 과일, 모양을 변형할 수 있는 샤퀴트리나 잠봉으로 빈자리를 채워 나간다. 크기가 큰 재료는 플래터의 형태에 맞게 잘라낼 수도 있다. 예쁜 패턴이 완성되려면 재료끼리 겹치거나 끼워 넣는 것도 망설이지 말자.

4.
마지막으로 크래커나 빵 등 찍어 먹을 재료들을 배치한다. 플래터의 형태에 맞게 재료를 언제든지 잘라도 된다. 뜨겁게 내야 할 재료가 포함된 경우 미리 자리를 정해 놓고 서빙하기 직전에 올려놓는다. 크래커나 빵은 인원수에 맞게 적당히 올리고 필요시 조금씩 채운다.

도구

플래터
- 크림 버터 플래터에 적당한 작은 사이즈의 플래터
- 치즈, 믹스 재료, 토스트 플래터에 적당한 중간 사이즈 플래터
- 메인 요리나 식사용 플래터에 적당한 큰 사이즈 플래터

볼
- 딥과 후무스를 위한 큰 볼
- 석류알이나 올리브를 위한 중간 볼
- 버터, 소금, 소스 등을 위한 작은 볼

커트러리
치즈나 파테, 크림을 펴 바를 때 쓰는 버터나이프나 작은 스푼

요리 도구
- 채소나 과일을 얇게 썰기 위한 강판이나 채칼
- 딥이나 바르는 소스를 만들기 위한 믹서 또는 블렌더
- 플래터의 모양에 맞게 혹은 다양한 방식으로 재료를 자를 수 있는 칼
- 재료를 꽃 모양으로 연출하기 위한 작은 유리컵(작은 유리잔에 햄 슬라이스 등을 겹쳐 넣고 잔을 거꾸로 뒤집은 뒤 잔을 제거하면 장미 모양이 만들어진다.)

빵, 크래커

캉파뉴

짭짤한 크래커

바게트

채소

곁들이는 재료

올리브

그릭요거트

후무스, 가누쉬

페스토

바르는 프레시치즈

견과류

마늘 버터, 레몬, 피망	18
가염 버터, 호두, 무화과	20
허브 정어리 버터	22
크리미 페타 치즈	24
스칸디나비아식 크림치즈	26
휘핑 리코타 치즈	28
그릭요거트, 하리사, 잣	30
휘핑 페타 치즈, 토마토와 올리브	32
후무스와 절인 병아리콩	34
후무스, 석류와 잠두콩	36
차지키 플래터	38
구아카몰 플래터	40
그릭요거트, 절인 콩	42
고구마 퓌레와 곡물 페스토	44
완두콩 크림	46
바바 가누쉬	48

크림 버터 플래터

크림 타입의 딥이나 가향 버터를 플래터 위에 펼쳐 바르고
빵이나 스낵을 곁들이는 쉽고 간단한 플래터

크림 버터 플래터

마늘 버터, 레몬, 피망

준비 10분 / 조리 40분

실온의 무염 버터 125g

마늘 1통

부추 6줄기

레몬 1개

꽃소금 한 꼬집

올리브오일 1큰술

고춧가루 한 꼬집

바게트 1개

플래터 24x16cm

1. 오븐을 200도로 예열한다.
2. 마늘을 가로로 이등분하여 올리브오일을 뿌리고 소금을 친 뒤 종이 포일로 감싸서 오븐에서 40분간 굽는다.
3. 부추는 잘게 썰고 레몬은 껍질만 곱게 갈아 제스트를 만든다.
4. 구운 마늘을 껍질과 분리해서 으깬 후 버터와 섞는다.
5. 플래터에 마늘 버터를 고르게 펴서 올린 뒤 꽃소금, 고춧가루, 곱게 썬 부추와 레몬제스트를 뿌린다.
6. 바게트 슬라이스를 곁들인다.

크림 버터 플래터

가염 버터, 호두, 무화과

준비 5분

실온의 가염 버터 125g

무화과 75g

잠봉 2조각

호두 8조각

후추

바게트 ½개

플래터 30x18cm

1. 플래터에 버터를 넓게 펴서 올린다.
2. 무화과는 4등분 하고 잠봉은 먹기 좋게, 호두는 굵직하게 자른다.
3. 버터 위에 무화과, 잠봉, 호두를 올리고 후추를 뿌린다.
4. 바게트 슬라이스를 곁들인다.

허브 정어리 버터

준비 10분

정어리 1캔

슬라이스 아몬드(껍질 벗긴) 15g

이탈리안 파슬리 2줄기

부추 6줄기

타임 1줄기

마늘 1쪽

실온 버터 125g

꽃소금

후추

바게트 1개

캉파뉴 빵

플래터 24x16cm

1. 팬에 아몬드를 넣고 중불에서 5분간 굽는다.
2. 파슬리와 부추는 곱게 다지고 타임은 잎을 떼고 마늘은 껍질을 벗겨 얇게 썬다.
3. 버터에 소금, 후추, 허브류, 마늘을 넣고 섞는다.
4. 플래터에 버터를 고르게 펴서 올린다.
5. 정어리를 이등분하여 뼈를 제거하고 작게 자른 뒤 버터 위에 아몬드와 함께 올린다.
6. 바게트와 캉파뉴를 잘라서 곁들인다.

크리미 페타 치즈

준비 10분

페타 치즈 200g
생크림 100㎖
미니 오이 2개
토마토 2개
적양파 ½개
올리브 12개
올리브오일 1큰술
오레가노 한 꼬집
소금, 후추
피타 빵 6개
플래터 30x18cm

1. 페타 치즈에 생크림, 소금, 후추, 오레가노를 넣고 섞어서 차게 보관한다.
2. 오이와 토마토는 작게 썰고 적양파는 껍질을 벗겨 얇게 채 썬다.
3. 플래터에 페타 치즈를 고르게 펴서 올리고 손질한 오이와 토마토, 양파를 올린다.
4. 올리브오일을 뿌리고 올리브를 올린다.
5. 구운 피타 빵을 곁들인다.

스칸디나비아식 크림치즈

준비 15분

훈제 송어 130g

생모레 치즈(또는 크림치즈) 200g

오이 1개

적양파 ¼개

딜 3줄기

분홍 후추 한 꼬집

후추

곡물 크래커

짭짤한 크래커

플래터 40x30cm

1. 오이는 3mm 두께로 얇게 썰고 적양파는 곱게 다진다.
2. 크림치즈를 플래터의 ⅔ 공간에 고르게 펴서 바른다.
3. 크래커를 세로로 가지런히 올린다.
4. 훈제 송어는 먹기 좋게 잘라서 1줄로, 오이는 2줄로 올린다.
5. 크림치즈 위에 곱게 썬 딜, 분홍 후추, 적양파, 후추를 뿌린다.

크림 버터 플래터

휘핑 리코타 치즈

준비 10분

리코타 치즈 250g
모르타델라 햄 2장
피스타치오 20개
루콜라 잎 12개
올리브오일 1큰술
소금, 후추
크래커
플래터 원형 30cm

1. 리코타 치즈에 약간의 올리브오일을 넣고 섞은 뒤 플래터에 고르게 펴서 올린다.
2. 피스타치오는 껍질을 벗겨서 굵게 으깬다.
3. 모르타델라 햄은 작은 크기로 적당히 찢는다.
4. 리코타 치즈 위에 햄, 피스타치오, 루콜라를 올린다.
5. 남은 올리브오일을 두르고 소금, 후추를 뿌린 뒤 크래커를 곁들인다.

크림 버터 플래터

그릭요거트, 하리사, 잣

준비 5분 / 조리 3분

그릭요거트 200g

하리사 1큰술

잣 20g

딜 1줄기

올리브오일 1큰술

소금 한 꼬집

무교병*

플래터 30x18cm

*무교병(azyme)
유대교도인이 먹는, 효모(누룩)를 넣지 않고 순수 밀가루로만 만든 빵

1. 플래터에 그릭요거트와 하리사를 고르게 펴서 올린다.
2. 팬에 잣을 넣고 약불에서 3분간 노릇하게 굽는다.
3. 잣과 곱게 썬 딜을 그릭요거트 위에 뿌린다.
4. 올리브오일과 소금을 뿌리고 빵을 곁들인다.

크림 버터 플래터

휘핑 페타 치즈, 토마토와 올리브

준비 10분

페타 치즈 70g
그릭요거트 200g
방울토마토 6개
씨를 제거한 블랙 올리브 4개
꿀 1작은술
타임 2줄기
바질잎 6개
올리브오일 2큰술
소금, 후추
올리브오일 크래커
플래터 30x18cm

1. **페타 치즈 크림** : 페타 치즈 20g은 따로 남겨 두고 나머지 페타 치즈와 그릭요거트, 올리브오일 1큰술, 후추 한 꼬집을 넣고 고르게 섞는다.
2. 방울토마토와 올리브는 작게 자른다.
3. 플래터 위에 페타 치즈 크림을 고르게 펼쳐 바른 뒤 방울토마토와 올리브를 고르게 올리고 타임, 소금, 후추를 뿌린다.
4. 올리브오일 1큰술과 꿀을 뿌린 뒤 작게 자른 바질과 남겨 둔 페타 치즈를 흩뿌린다.
5. 올리브오일 크래커를 곁들인다.

크림 버터 플래터

후무스와 절인 병아리콩

준비 10분

후무스 250g

병아리콩 캔 100g(물기 빼기)

민트 2줄기

쪽파 2개

송이 토마토 3개(또는 큰 토마토 2개)

오레가노 한 꼬집

발사믹 식초 1작은술

훈연 파프리카 가루 한 꼬집

올리브오일 2작은술

소금, 후추

곡물 크래커

토르티야 칩

플래터 30x18cm

1. 볼에 병아리콩, 오레가노, 발사믹 식초, 파프리카, 올리브오일, 소금을 넣고 고르게 섞는다.
2. 민트는 씻어서 물기를 제거하고 잎만 떼어 놓는다. 잎이 크면 자른다.
3. 쪽파는 잘게 썰고 토마토는 작게 큐브 모양으로 자른다.
4. 플래터에 후무스를 고르게 펴서 올린다.
5. 병아리콩, 민트잎, 파, 토마토를 고르게 펼쳐 담는다.
6. 후추를 뿌리고 크래커, 토티야 칩을 곁들인다.

크림 버터 플래터

후무스, 석류와 잠두콩

준비 15분

후무스 250g

냉동 잠두콩(누에콩) 100g

석류 ½개

고수 2줄기

미니 오이 4개

올리브오일 1큰술

꽃소금

후추

짭짤한 크래커

그리시니 빵

플래터 30x18cm

1. 끓는 물에 소금을 넣고 냉동 잠두콩을 4분 정도 익힌다. 찬물에 담갔다가 꺼낸 뒤 다시 한번 찬물에 넣었다가 물기를 제거한다.
2. 석류알은 찬물에 살짝 담갔다가 물기를 제거하고 고수는 씻어서 물기를 털어내고 잎만 떼어 낸다.
3. 미니 오이는 길게 4쪽으로 자른다.
4. 플래터에 후무스를 고르게 펴서 올리고 석류알, 잠두콩, 고수를 올린 뒤 올리브오일, 소금, 후추를 뿌린다.
5. 미니 오이, 크래커, 그리시니 빵을 곁들인다.

크림 버터 플래터

차지키* 플래터

준비 5분

차지키 소스 180g
씨를 제거한 그린올리브 4개
씨를 제거한 블랙 올리브 4개
올리브오일 1큰술
딜 1줄기
파프리카 가루 한 꼬집
방울토마토 200g
그리시니 빵
플래터 24x16cm

*차지키(tzatziki)
그릭요거트에 오이, 마늘, 식초, 허브, 오일 등을 넣어 만든 딥

1. 올리브는 아주 얇게 썬다.
2. 플래터에 차지키 소스를 고르게 펴서 올리고 올리브 슬라이스와 다진 딜을 뿌린다.
3. 올리브오일을 고르게 뿌리고 파프리카 가루를 흩뿌린다.
4. 방울토마토, 그리시니 빵을 곁들인다.

크림 버터 플래터

구아카몰 플래터

준비 5분 / 조리 5분

구아카몰 250g
그릭요거트 1큰술
옥수수알 1큰술
그린 피망 ¼개
고수 2줄기
크러쉬드 레드페퍼 한 꼬집
소금 한 꼬집
토티야 칩
플래터 24x16cm

1. 아주 뜨거운 냄비에 옥수수알을 넣고 5분 동안 튀긴다.
2. 그린 피망은 잘게 다지고 고수는 잎만 떼어 놓는다.
3. 플래터에 구아카몰를 고르게 펴서 올린다.
4. 그릭요거트를 숟가락으로 떠서 올리고 옥수수알과 그린 피망을 흩뿌린다.
5. 소금, 크러쉬드 레드페퍼를 살짝 뿌린 후 고수잎으로 장식한다.
6. 토티야 칩을 곁들인다.

크림 버터 플래터

그릭요거트와 절인 콩

준비 10분

흰콩 캔 300g

그릭요거트 150g

파프리카 퓌레 1작은술

토마토소스 1큰술

마늘 1쪽

파슬리 2줄기

올리브오일 1큰술

소금, 후추

바게트 ½개

피타 빵

플래터 30x18cm

1. 파슬리잎을 작게 자른다.
2. 마늘은 다지고 흰콩은 물에 헹궈서 물기를 제거한다.
3. 볼에 토마토소스, 파프리카 퓌레, 다진 마늘, 파슬리, 소금 한 꼬집, 후추를 넣고 고르게 섞는다.
4. 플래터에 그릭요거트를 고르게 펴서 올린 뒤 3을 고르게 펼쳐 올린다.
5. 올리브오일을 뿌리고 피타 빵, 구운 바게트를 곁들인다.

크림 버터 플래터

고구마 퓌레와 곡물 페스토

준비 10분 / 조리 40분

고구마 750g

호박씨와 해바라기씨 25g

고수 12줄기

마늘 ½개

타임 1줄기

그릭요거트 50g

올리브오일 6큰술

소금, 후추

크래커

그리시니 빵

플래터 원형 30cm

1. 오븐 팬에 반으로 가른 고구마와 마늘 1/2개를 넣는다. 올리브오일 1큰술을 고구마 위에 뿌리고 소금, 후추로 간한다. 200도로 예열한 오븐에서 40분간 구운 뒤 팬을 오븐에서 꺼내어 그대로 식힌다.
2. **곡물 페스토** : 볼에 호박씨, 해바라기씨, 고수잎, 올리브오일 4큰술, 소금 한 꼬집을 넣고 고르게 섞어서 곡물 페스토를 만든다.
3. **고구마 퓌레** : 구운 고구마와 구운 마늘의 껍질을 제거하고 으깬 뒤 타임잎, 올리브오일 1큰술을 넣고 고르게 섞는다.
4. 플래터에 3의 고구마 퓌레를 고르게 펴서 올린 뒤 그릭요거트와 2의 곡물 페스토를 올려 숟가락의 뒷면 이용해 회오리 무늬를 낸다.
5. 크래커와 그리시니 빵을 곁들인다.

크림 버터 플래터

완두콩 크림

준비 10분 / 조리 10분

냉동 완두콩 200g

프레시치즈(생모레 치즈 또는 필라델피아 크림치즈) 100g

햇양파 줄기(또는 어린 양파 줄기) 2개

래디시 6개

올리브오일

소금, 후추

치즈와 깨가 들어간 페스츄리 스틱

플래터 30x18cm

1. 끓는 물에 소금을 넣고 완두콩을 10분 정도 익힌 뒤 찬물에 헹구고 물기를 제거한다.
2. 으깬 완두콩, 올리브오일, 생치즈, 소금, 후추, 다진 양파 줄기 1개를 고르게 섞는다.
3. 래디시는 얇게 썰고 남은 양파 줄기 1개도 다진다.
4. 플래터에 2의 완두콩 크림을 고르게 펴서 올리고 래디시와 파를 올린 후 후추로 간하고, 올리브오일 1작은술을 뿌린다.
5. 페스츄리 스틱을 곁들인다.

크림 버터 플래터

바바 가누쉬

준비 10분 / 조리 10분

바바 가누쉬 또는 가지 캐비어 200g

석류 ½개

자타르(바질,타임, 오레가노 등이 믹스된 향신료) 3작은술

올리브오일 3큰술

민트 2줄기

피타 빵 2개

소금, 후추

플래터 30x18cm

* 바바 가누쉬(baba ganoush)
중동식 가지 딥, 피타 빵과 함께 먹는 레바논 기원의 딥

1. 오븐을 180도로 예열한다.
2. 자타르 2작은술과 올리브오일 2큰술을 섞어서 피타 빵 위에 바르고 오븐에서 10분간 굽는다.
3. 플래터에 바바 가누쉬를 펴서 올리고 자타르 1작은술, 석류, 민트잎을 흩뿌린다.
4. 올리브오일 1큰술과 소금, 후추를 뿌린 뒤 2의 피타 빵을 곁들인다.

모차렐라 치즈와 구운 채소	52
부라타 치즈, 매운 살라미, 비트	54
가을철 스트라치아텔라	56
구운 카망베르 치즈	58
향을 가미한 쿨로미에 치즈	60
치즈볼	62
치즈와 스파이시 건과	64
치즈와 가향 버터	66
샤퀴트리와 타임 크래커	68
푸아그라	70
이탈리안 샤퀴트리	72
클래식 믹스	74
샤퀴트리, 무화과와 구운 아몬드	76
프렌치 믹스	78
래디시 피클 믹스	80
배 처트니 믹스	82
치즈와 호두 크림	84
이베리코	86
호박 크림 믹스	88

치즈&샤퀴트리 플래터

부드러운 카망베르 치즈, 크리미한 브리 치즈, 진한 풍미의 로케포르 치즈까지
각 치즈의 텍스처와 식감에 어울리는 샤퀴트리와 빵으로 풍성하게 구성된,
와인 안주나 메인 요리로 좋은 플래터

모차렐라 치즈와 구운 채소

준비 20분 / 조리 30분

모차렐라 치즈 800g

호박 2개(250g)

방울토마토 250g

파마산 치즈 70g

마늘 1쪽

레몬 1/2개(즙)

바질 2줄기

올리브오일 3큰술

발사믹 식초 1.5큰술

설탕 한 꼬집

소금, 후추

바게트 1개

플래터 40x30cm

1. 파마산 치즈 50g을 곱게 간 후 오븐 트레이에서 직경 5~6cm 크기의 원 모양으로 모아 9개의 칩을 만든다. 180도 오븐에서 10분간 굽고 꺼내서 그대로 식힌다.
2. 다른 오븐 트레이에 방울토마토를 놓고 올리브오일 1큰술, 발사믹 식초 1큰술을 뿌리고 소금, 설탕을 뿌린다.
3. 호박 1개는 5mm로 두께로 잘라서 2번 오븐 트레이에 펼쳐 넣고 올리브오일 1큰술, 곱게 간 파마산 치즈 20g, 소금, 후추로 간한 뒤 방울토마토와 함께 180도 오븐에서 20분간 굽는다.
4. 다른 1개의 호박은 채칼을 이용해 얇게 썬다.
5. 볼에 4의 호박과 다진 마늘(½쪽), 레몬즙, 발사믹 식초 1작은술, 잘게 썬 바질잎(1줄기)을 넣고 고르게 섞은 뒤 소금, 후추로 간한다.
6. 바게트는 얇게 잘라서 그릴로 구운 뒤 나머지 마늘 ½쪽으로 비벼준다.
7. 플래터 중앙에 모차렐라를 잘라 올리고 올리브오일 1큰술, 소금, 후추를 뿌린다.
8. 모차렐라 주위에 조리한 재료들을 배치하고 남은 바질잎으로 장식한다.

부라타 치즈, 매운 살라미, 비트

준비 15분 / 조리 40분

부라타치즈 350g
이탈리안 소시송(스피아나타 또는 살라미) 24장
비트 2개
절인 앤초비 200g
루콜라 2줌
바질 2줄기
꽃소금

올리브오일
발사믹 식초 1큰술
후추
바게트 1개
플래터 40x30cm

1. 오븐을 200도로 예열한다.
2. 비트는 껍질을 벗기고 웨지 모양으로 4등분한 뒤 각각을 3등분해서 오븐 트레이에 올리고 올리브오일, 발사믹 식 초, 소금, 후추를 뿌린 뒤 40분간 굽고 식힌다.
3. 바게트 ½을 얇게 잘라 그릴에 굽는다.
4. 부라타 치즈를 2~4등분하여 플래터 중앙에 올리고 치즈 좌우에 구운 비트와 소금 종지를 놓는다.
5. 소시송은 꽃 모양으로 만들어 올리고 절인 앤초비는 적당히 겹쳐 올린다.
6. 남은 바게트를 잘라서 구운 바게트와 대칭되는 위치에 놓는다.
7. 루콜라와 바질잎으로 장식한다.

가을의 스트라치아텔라

준비 20분 / 조리 20분

버터넛 호박 750g
고구마 600g
붉은 엔다이브 1개
스트라치아텔라 치즈 250g
타임 4줄기(잎만 떼어 다지기)
파슬리 4줄기

헤이즐넛 12개
통밀빵 8조각
올리브오일
소금, 후추
플래터 40x30cm

1. 오븐을 200도로 예열한다.
2. 고구마는 껍질을 벗겨 3cm 큐브 모양으로 자르고 호박은 반으로 갈라 씨를 제거하고 2cm 두께로 썬다.
3. 오븐 트레이에 고구마와 호박을 올리고 소금, 후추, 다진 타임, 올리브오일을 뿌린 뒤 오븐에서 20분간 구운 뒤 꺼내서 식힌다.
4. 빵은 삼각형 모양으로 자르고 엔다이브 잎은 떼어 놓는다.
5. 플래터에 구운 고구마, 구운 호박, 빵, 엔다이브를 한 줄씩 사진과 같은 순서로 배치한 뒤 고구마와 호박 사이에 스트라치아텔라 치즈를 올린다.
6. 헤이즐넛을 굵게 잘라 스트라치아텔라 위에 뿌리고 치즈 위에 올리브오일 2큰술, 소금, 후추를 뿌린다.
7. 파슬리잎으로 장식한다.

치즈&샤퀴트리 플래터

구운 카망베르 치즈

준비 10분 / 조리 30분

작은 카망베르 치즈(150g) 2개
타임 2줄기
구운 베이컨 50g
셀러리 3대(줄)
래디시 1단
양파 1개
마늘 1쪽
설탕 2큰술

고수씨 1작은술
화이트와인 1컵
식용유 1작은술
소금, 후추
올리브오일
캉파뉴 빵
플래터 34x34cm

1. 마늘은 껍질을 벗겨 얇게 썬다. 카망베르 1개는 상단에 2개의 칼집을 낸 뒤 얇게 썬 마늘을 끼운다.
2. 캉파뉴는 두툼하게 잘라서 한쪽 면에 올리브오일을 바르고 타임을 뿌린다.
3. 200도로 예열한 오븐에서 카망베르 치즈 2개를 20~25분 정도 굽다가 꺼내기 5분 전 잘라 논 캉파뉴를 넣고 함께 굽는다.
4. 팬에 식용유를 두르고 중불에서 곱게 썬 양파와 고수씨를 넣고 볶다가
양파가 투명해지면 설탕을 넣고 양파가 갈색이 될 때까지 규칙적으로 저어주며 볶는다.
5. 양파가 갈색이 되면 와인을 넣고 소금, 후추로 간한 뒤 약불로 줄여 15분 정도 그대로 둔다.
양파에서 나오는 물이 줄어들고 와인이 증발하도록 계속 졸이면서 양파 콩피를 만든다.
6. 셀러리를 스틱 모양으로 자른다.
7. 플래터 중앙에 카망베르 2개를 놓고 바로 옆에 5의 양파 콩피를 담은 볼을 올린다.
8. 셀러리, 래디시, 빵, 구운 베이컨을 올린다.

향을 가미한 쿨로미에 치즈

준비 15분 / 휴지 최소한 12시간

쿨로미에 치즈 2개
마스카르포네 치즈 100g
건 살구 5개
피스타치오 12개
헤이즐넛 12개
레몬 1개
샬롯 1개
작은 트러플버섯 1개(10~15g)
파슬리 2줄기

소금, 후추
바게트 ½개
크래커

서빙용
건 살구, 피스타치오, 헤이즐넛

플래터 40x24cm

1. 건 살구 5개, 피스타치오 12개, 헤이즐넛 12개를 곱게 다진다.
2. 파슬리와 샬롯은 곱게 다지고 레몬은 제스트를 만든다. 트러플은 아주 얇고 곱게 썬다.
3. 마스카르포네 치즈에 소금, 후추를 넣고 잘 섞은 다음 둘로 나누어
하나는 트러플을 섞고, 다른 하나는 다진 건 살구, 피스타치오, 헤이즐넛, 파슬리, 레몬제스트를 넣고 섞는다.
4. 쿨로미에 치즈 두 개를 가로로 이등분한 뒤 3의 두 가지 마스카르포네 치즈를 각각 바른 후 원래의 모양으로 다시 포갠다.
구입 시 포장되어 있던 치즈 종이에 싸서 포장 박스에 넣고 12시간가량 냉장고에 보관한다(3일 후에 꺼내는 것이 가장 이상적이다).
5. 치즈를 꺼내 1시간 동안 실온에 둔다.
6. 플래터 중앙에 치즈를 올리고 빵, 크래커, 서빙용 건 살구, 피스타치오, 헤이즐넛을 올린다.

치즈볼

준비 30분 / 조리 1시간

크림치즈 450g
염소 치즈 200g
콩테 치즈 150g
리코타 치즈 50g
파마산 치즈가루 75g
페스토 1큰술
바질 1줄기
크랜베리 50g ⊢
피칸 50g

소금으로 간한 구운 땅콩 100g
드라이 토마토 50g
잣 50g
구운 베이컨 2줄기
씨를 제거한 블랙 올리브 12개
소금, 후추
크래커
그리시니 빵
플래터 34x34cm

1. 볼 3개를 준비해 각각 다음과 같은 재료를 넣고 섞는다.

볼 1) 크림치즈 100g+염소 치즈 100g+콩테 치즈 갈아서 100g+다진 크랜베리 25g

볼 2) 크림치즈 150g+염소 치즈 100g+파마산 치즈가루 50g+페스토+다진 바질잎

볼 3) 크림치즈 200g+리코타 치즈 50g+콩테 치즈 갈아서 50g+파마산 치즈가루 25g+다진 베이컨

2. 세 개의 볼에 각각 소금, 후추로 간한 뒤 랩에 넣어 공 모양으로 만든 다음 냉장고에서 1시간 이상 보관한다.

3. 랩을 풀어서 다진 크랜베리가 들어간 볼은 피칸과 크랜베리 25g에 굴리고 다진 베이컨이 들어간 볼은 땅콩에 굴린다.

페스토가 들어간 볼은 잣과 올리브, 드라이 토마토를 섞은 곳에 굴린다.

4. 만든 볼들을 다시 랩으로 감싸서 냉장고에 넣고 차갑게 보관한 다음 플래터에 올리고 크래커와 그리시니 빵을 올린다.

치즈와 스파이시 건과

준비 10분 / 조리 25분

숯 치즈(셰브르 상드르 치즈) 1개
블루 치즈(푸름 당베르 치즈) 1조각
캉탈 치즈(또는 콩테 치즈) 1조각
테트 드 무안 치즈 150g
적포도 2송이
청포도 3송이
견과류 믹스(헤이즐넛, 아몬드, 호두) 150g
메이플시럽 2큰술
올리브오일 1작은술

파프리카 가루 한 꼬집
계핏가루 한 꼬집
카르다몸 1쪽
꽃소금 2꼬집
곡물빵

플래터 원형 40cm

1. 볼에 견과류와 메이플시럽, 올리브오일, 파프리카 가루, 계핏가루, 으깬 카르다몸, 꽃소금을 넣고 섞는다.
2. 오븐용 트레이에 1을 펼쳐 올리고 종이 포일을 덮어 180도 오븐에서 25분간 구운 뒤 식힌다.
3. 플래터에 치즈류를 올리고 포도, 빵, 2의 스파이시 건과를 배치한 뒤 실온 상태로 낸다.

치즈와 가향 버터

준비 10분

카망베르 치즈 ½개

로크포르 치즈 1조각

콩테 치즈 1조각

염소 치즈(크로탱 드 셰브르) 2개

무화과잼 3큰술

퀸스 치즈(파테 드 쿠앵/모과 젤리) 100g

대추야자 15개

호두 50g

헤이즐넛 50g

건포도 15g

실온의 무염 버터 50g

레몬제스트(레몬 ½개 분량)

소금, 후추

바게트 1개

곡물 크래커

플래터 40x24cm

1. **버터 소스** : 버터, 레몬제스트, 건포도, 소금, 후추를 섞어서 작은 볼에 담는다.
2. 플래터에 퀸스 치즈를 제외한 나머지 치즈류를 올리고
1의 버터 소스, 잼, 호두&헤이즐넛을 각각 작은 볼에 담아 올린 다음
그 주위로 대추야자, 큐브로 자른 퀸스 치즈, 바게트와 크래커를 배치한다.

샤퀴트리와 타임 크래커

준비 20분 / 휴지 최소 30분 / 조리 15분

잠봉(익힌 햄) 8장

잠봉(생햄) 8장

마른 소시지(햄) 1개

후무스 200g

펜넬 ½개

미니 오이피클 12개

염장한 콩 200g

오레가노 가루 1작은술

타임 2줄기

미몰레트 치즈 80g

밀가루 135g

달걀 1개(흰자)

가염 버터(실온) 35g

올리브오일 2큰술

바게트 ½개

야채 칩

물 60㎖

플래터 40x24cm

1. 미몰레트 치즈를 갈아서 밀가루, 작은 큐브로 자른 버터, 타임, 물 60㎖와 고르게 섞은 후 20cm 길이의 순대 모양으로 말아서 냉장고에 넣고 최소 30분 정도 휴지시킨다.
2. 염장한 콩은 물에 헹궈서 올리브오일, 오레가노와 섞은 뒤 작은 볼에 담는다.
3. 1의 치즈 순대를 냉장고에서 꺼내서 1cm 두께로 자른 다음 달걀흰자를 입힌다.
4. 오븐을 180도로 예열한 뒤 오븐용 트레이에 치즈 순대를 놓고 15분 정도 구운 뒤 체망에 얹어 식힌다.
5. 펜넬은 스틱 모양으로 자르고 마른 소시지는 얇게 썬다.
6. 후무스를 담은 볼과 2의 콩 볼을 플래터에 먼저 올리고 그 주위로 야채 칩, 잠봉, 펜넬 스틱, 치즈 순대, 소시지, 미니 오이피클, 바게트 슬라이스를 올린다.

치즈&샤퀴트리 플래터

푸아그라

준비 10분 / 준비 30분

알감자 250g

푸아그라 200g

건조한 오리 가슴살 슬라이스 90g

팽 데피스(향신료를 넣은 빵) 슬라이스 4개

트레비스 상추 작은 것 2개

석류 ¼개

배 1개

로카마두르 치즈(염소 치즈) 2개

피칸 호두 50g

건 살구 10개

고르곤졸라 치즈 1조각

마늘 1쪽

발사믹 글레이즈 1큰술

올리브오일 2큰술

타임 2줄기

소금, 후추

바게트 ½개

플래터 원형 30cm

1. 알감자, 올리브오일, 다진 마늘, 소금 한 꼬집, 후추, 타임을 섞어서 180도로 예열한 오븐에 넣고 30분 정도 굽는다.
2. 다진 배, 석류알, 발사믹 글레이즈, 후춧가루 한 꼬집을 섞어서 볼에 담는다.
3. 오리 가슴살을 2줄로 길게 놓고 겹친 뒤 장미 모양으로 말아 놓는다.
4. 트레비스는 잎을 떼고 팽 데피스 슬라이스를 토스터에 굽는다.
5. 플래터 중앙에 푸아그라 조각을 올리고 그 옆에 2의 볼을 놓는다.
6. 트레비스, 로카마두르 치즈, 오리 가슴살 말이, 살구, 피칸 호두, 고르곤졸라 치즈, 바게트 슬라이스, 팽 데피스, 구운 알감자를 보기 좋게 배치한다.

치즈&샤퀴트리 플래터

이탈리안 샤퀴트리

준비 20분 / 조리 5분

모르타델라 햄* 200g
파르마 햄 6장
살라미 10장
매운 초리조 8장
코파 햄 12장
루콜라 25g
파마산 치즈 40g
아몬드 40g
모차렐라 치즈 1개(150g)
방울토마토 250g

드라이 토마토 6개
블랙 올리브 100g
케이퍼 12개
마늘 1쪽
오레가노 한 꼬집
바질 2줄기
올리브오일 6큰술
소금, 후추
캉파뉴 슬라이스 2개
플래터 40x30cm

* **모르타델라**
이탈리아 볼로냐 지역의 특산물로 굵은 햄

1. **루콜라 페스토** : 루콜라, 파마산 치즈 간 것, 바질 1줄기, 아몬드, 마늘, 올리브오일 4큰술, 소금, 후추를 믹서기에 넣고 갈아서 볼에 담아 둔다.
2. 모르타델 햄은 이등분하여 콘 모양으로 돌돌 말아서 사진과 같이 볼에 부케 모양으로 담는다.
3. 모차렐라는 4등분한 뒤 반으로 자른 캄파뉴에 하나씩 올리고
올리브오일 2큰술, 소금, 후추, 오레가노를 뿌린 후 오븐 그릴에 5분간 구워 모차렐라 타르틴을 만든다.
4. 플래터 중앙에 2의 모르타델 햄을 담은 볼과 1의 페스토 볼을 올리고 케이퍼도 볼에 담아 올린다.
5. 나머지 햄들과 방울토마토, 드라이 토마토, 올리브, 3의 모차렐라 타르틴을 조화롭게 배치하고 바질로 장식한다.

치즈&샤퀴트리 플래터

클래식 믹스

준비 15분

로제트 햄 24장
잠봉(생햄) 6조각
파테* 1조각
로크포르 치즈 1조각
콩테 치즈 1조각
미니 오이피클 20개
파슬리 4줄기

적양파 ¼개
발사믹 식초 1작은술
실온의 무염 버터 50g
케이퍼 1작은술
바게트
통밀빵
플래터 45x37cm

* **파테**(Paté)
고기나 간, 향신료 등을 함께 갈아서 도기에 넣고 구운 것

1. 버터와 물기를 제거한 케이퍼를 섞어서 작은 볼에 담아 냉장 보관한다.
2. 미니 오이피클 7개를 잘게 다져서 다진 파슬리, 다진 양파, 발사믹 식초와 잘 섞은 뒤 볼에 담는다.
3. 플래터에 1과 2를 먼저 올리고 잠봉, 로제트 햄, 파테, 치즈를 올린다.
4. 바게트 슬라이스, 통밀빵, 남은 오이피클을 빈자리에 올린다.

치즈&샤퀴트리 플래터

샤퀴트리, 무화과와 구운 아몬드

준비 20분 / 조리 25분

파르마 햄 8장

로모 또는 코파 햄 슬라이스 24장

로제트 햄 18장

무화과 250g

색깔별 래디시 1다발

메이플시럽 2큰술

레몬제스트(레몬 ½개)

아몬드 150g

가염 버터 20g

올리브오일 1작은술

꽃소금

바게트 ½개

플래터 40x30cm

1. 아몬드, 올리브오일, 레몬제스트, 꽃소금 한 꼬집, 메이플시럽을 잘 섞어서 오븐용 트레이에 유산지를 깔고 올린 뒤 180도 오븐에서 25분간 굽는다.
2. 무화과는 이등분하고 래디시는 잎을 제거하고 잔뿌리 부분을 정리한다.
3. 바게트는 얇게 잘라서 다시 반으로 자른 뒤 일부만 버터를 바른다.
4. 플래터에 무지개 형태로 재료들을 배치한다.

프렌치 믹스

준비 15분

로제트 햄 24장

잠봉(익힌 햄) 150g

마른 소시지 1개

브리 치즈 1조각

콩테 치즈 1조각

염소 치즈 200g

대추야자 15개

파 1줄기

부추 8줄기

커민 1작은술

올리브오일 1큰술

소금, 후추

통깨 크래커

짭짤한 크래커

플래터 50x32cm

1. 부추를 씻어서 물기를 제거한 뒤 잘게 다지고 파는 길게 자른다.
2. 염소 치즈는 4등분해서 작은 볼에 3개만 넣고 커민, 다진 부추, 소금, 후추와 섞어서 볼에 담는다.
3. 대추야자에 칼집을 낸 뒤 남은 염소 치즈를 끼워 넣는다.
4. 플래터 중앙에 2의 염소 치즈볼을 올리고 올리브오일을 뿌린 뒤 주변에 준비한 재료들을 조화롭게 올린다.

치즈&샤퀴트리 플래터

래디시 피클 믹스

준비 10분 / 조리 5분 / 휴지:24시간

숯 치즈(셰브르 샹드르 치즈) 1개
르블로숑 치즈 ½개
산양 치즈 1조각
초리조 150g
잠봉(생햄) 8장
파테 1조각
래디시 1다발
사과식초 200㎖
물 450㎖

로즈메리 1줄기
월계수 잎 1장
설탕 1큰술
고수씨 ½작은술
겨자씨 ½작은술
견과가 들어간 빵
바게트 ½개(슬라이스)
플래터 40x24cm

1. 래디시는 씻어서 잎을 정리한 다음 피클용 병에 담는다.
2. 식초와 물 450㎖를 냄비에 붓고 로즈메리, 월계수 잎, 설탕, 고수씨, 겨자씨를 넣고 끓인 다음 1의 병에 붓는다.
3. 식초 물이 식도록 최소한 24시간 그대로 둔다.
4. 플래터 중앙에 래디시 피클을 볼에 담아 올리고 그 주위로 치즈류, 햄류, 빵을 조화롭게 배치한 뒤 실온 상태로 낸다.

치즈&샤퀴트리 플래터

배 처트니 믹스

준비 15분 / 조리 30분

배 처트니

배 2개

카르다몸 2개

고수씨 한 꼬집

황설탕 2큰술

와인 식초 6큰술

팔각 2개

파프리카 가루 한 꼬집

마늘 2쪽

계피 스틱 1개

커민 한 꼬집

물 150㎖

가니시

잠봉(생햄) 8장

건조한 오리 가슴살 15장

리예트 1조각

고르곤졸라 치즈 1조각

미몰레트 치즈 1조각

생 넥테르 치즈 1조각

셀러리 2줄기

감 1개

호두 50g

버터 30g

바게트

플래터 40x24cm

1. 배는 작은 크기로 자르고 카르다몸과 고수씨는 으깬다.
2. 냄비에 설탕을 넣고 중불에 녹여 브라운 색으로 졸인다.
3. 자른 배, 다진 마늘, 식초를 냄비에 넣고 섞는다. 향신료(팔각, 계피, 커민, 카르다몸, 고수씨, 파프리카 가루)를 추가하고 약불에서 15분간 뚜껑을 덮고 졸인다.
4. 뚜껑을 열어 물 150㎖를 넣고 다시 15분간 약불에서 그대로 익힌다.
5. 미지근해지면 볼에 담아 식힌다.
6. 셀러리는 스틱 모양으로 자르고 감은 얇고 동그랗게 썬다.
7. 플래터 중앙에 5의 배 처트니 볼을 올리고 그 주위로 치즈류와 샤퀴트리(리예트, 오리, 잠봉), 감, 셀러리, 버터, 호두, 바게트 슬라이스를 보기 좋게 올린다.

치즈&샤퀴트리 플래터

치즈와 호두 크림

준비 10분

염소 치즈 1조각

생 마르슬렝 치즈(또는 랑그르 치즈) 1개

블루 치즈 1조각

금귤 12개

마스카르포네 치즈 250g

블루베리 100g

호두 100g

발사믹 식초 1큰술

물 50㎖

소금, 후추

커민 크래커

잡곡빵

플래터 원형 30cm

1. 마스카르포네 치즈, 호두 40g, 발사믹 식초, 물, 소금, 후추를 믹서에 넣고 간 뒤 볼에 담아 플래터에 자리를 잡는다.
2. 주변에 나머지 재료들을 돌려 담는다.

치즈&샤퀴트리 플래터

이베리코

준비 20분 / 조리 25분

절인 콩

병조림 흰콩 400g

적양파 ½개

홍고추 1개

파슬리 2줄기

타임 1줄기

레몬즙(레몬 ½개)

올리브오일 1큰술

소금

토르티야

달걀 4개

삶은 감자 150g

양파 1개

식용유 100㎖

소금, 후추

가니시

만체고 치즈 1조각

오소이라티 치즈 1조각

베요타 하몽 80g

세라노 하몽 100g

로모 하몽 200g

마늘 1쪽

토마토 2개

바게트 1개

플래터 원형 40cm

1. 병조림 흰콩을 물에 헹궈서 타임, 레몬즙, 다진 적양파, 다진 파슬리, 씨를 빼고 다진 홍고추, 올리브오일, 소금과 섞은 뒤 차게 보관한다.

2. **토티야**

   - 팬에 기름을 두르고 중불로 달군 뒤 작게 자른 감자와 곱게 채 썬 양파를 넣고 약불에서 10분간 볶는다.
   - 기름을 따라 내고 소금, 후추로 간한 뒤 휘핑한 달걀을 붓고 약불에서 10분간 익힌다.
   - 겉 면이 살짝 촉촉할 때 뒤집어서 1분 정도 익히고 접시에 담아 미지근하게 놔둔다.

3. 바게트를 슬라이스해서 반에 해당하는 양만 오븐 그릴에서 5분간 굽는다.
4. 마늘로 구운 바게트 빵 표면을 문지른 뒤 토마토 1개를 반으로 잘라 문질러준다.
5. 다른 토마토는 4등분 하고 만체고 치즈는 납작하게 자른다.
6. 1의 절인 흰콩을 볼에 담아 플래터 중앙에 놓고 치즈를 배치한다.
7. 주변에 샤퀴트리(하몽), 4의 바게트, 4등분한 토마토를 올린다.
8. 2의 토티야를 큐브 모양으로 잘라 플래터에 올리고 남은 바게트와 함께 낸다.

호박 크림 믹스

준비 15분 / 조리 20분

생 마르슬렝 치즈(또는 카망베르 치즈) 1개
콩테 치즈 1조각
캉쿠아요트 치즈 1컵
생모레 치즈(또는 필라델피아 크림치즈) 100g
알감자 300g
육포 70g
잠봉(익힌 햄) 150g

호박 1개(250g)
민트 1줄기
소금, 후추
올리브오일 1큰술
바게트 1개
그리시니 빵 20개
플래터 40x24cm

1. 오븐을 180도로 예열한다.
2. 호박은 1cm 두께로 잘라서 오븐 트레이에 올리고 올리브오일, 소금, 후추로 간한 뒤 오븐에서 20분간 굽는다.
3. 그동안 감자는 20분간 찐다.
4. 구운 호박과 생모레 치즈, 민트잎을 믹서에 넣고 갈아서 볼에 담고 차갑게 보관한다.
5. 잠봉은 이등분한 뒤 그리시니 빵에 돌돌 만다.
6. 플래터에 준비된 재료들을 조화롭게 올린다.

삼색 후무스	92
겨울 무지개	94
가을 무지개	96
해산물 플래터	98
스프링롤	100
그린 플래터	102
구운 콜리플라워	104
버터넛 호박구이와 훈제 연어	106
아이올리 플래터	108
콥 샐러드	110
닭구이와 뻬타 치즈	112
참치 타다키	114
소고기 그릴	116
낙지, 홍합, 가리비	118

컬러플 플래터

알록달록 다양한 색감과 풍성한 볼륨이 돋보이는 플래터
식탁 중앙에 배치하면 하나의 예술작품처럼 깊은 인상을 준다.

컬러풀 플래터

삼색 후무스

준비 40분 / 조리 30분

후무스 500g
고구마 250g
익힌 비트 150g
적 양배추 ¼개
래디시 1개
노랑 파프리카 1개
작고 붉은 엔다이브 1개
흰 엔다이브 1개
흰 콜라비 1개
붉고 굵은 래디시 1개

흰색 콜리플라워 250g
보라색 콜리플라워 250g
양송이버섯 3개
보라색 당근 2개
오렌지색 당근 3개
흰색 당근 1개
올리브오일 2큰술
소금, 후추
플래터 45x37cm

1. 고구마를 이등분한 뒤 오븐 트레이에 넣고 200도에서 30분간 굽는다.
2. 적 양배추는 납작하게 자르고 콜리플라워는 꽃 모양대로 자른다. 엔다이브는 잎을 떼고 양송이버섯은 얇게 썬다.
3. 래디시와 콜라비는 껍질을 벗긴 후 채칼을 이용해 얇게 썰고 당근과 파프리카는 껍질을 벗겨 스틱 모양으로 자른다.
4. 구운 고구마는 껍질을 벗겨 후무스 100g, 올리브오일 1큰술, 소금, 후추와 잘 섞어서 볼에 담는다.
5. 익힌 비트와 후무스 200g, 올리브오일 1큰술, 소금, 후추를 함께 갈아서 볼에 담는다.
6. 남은 후무스는 볼에 담아 플래터 중앙에 올리고 후무스 볼 주위에 손질한 채소들을 무지개 패턴으로 배치한다.

컬러풀 플래터

겨울 무지개

준비 45분 / 조리 30분

크림치즈 150g
그릭요거트 250g
올리브오일 참치캔 150g
대파 1대
펜넬 1개
브로콜리 1개
콜리플라워 ¼개
레드 래디시 2개
그린 래디시 1개
검은 래디시 1개
굵고 붉은 래디시 1개

익힌 비트 300g
키오지아 비트 1개
홍감자 400g
흰 당근 2개
양송이버섯 6개
민트 3줄기
레몬 1개(즙+제스트)
고추냉이 조금
올리브오일 1큰술
소금, 후추
플래터 50x32cm

1. 브로콜리와 콜리플라워는 꽃 모양대로 자르고 대파는 흰 부분만 3cm 크기로 자른다.
2. 브로콜리를 끓는 물에 소금을 넣고 10분간 데친 뒤 꺼내서 찬물에 헹구고 식힌다.
3. 감자는 찜기로 30분간, 대파는 20분간 익힌 뒤 식힌다.
4. 키오지아 비트와 익힌 비트는 껍질을 벗긴다. 익힌 비트 20g은 따로 남겨 둔다.
5. 래디시, 양송이, 비트, 펜넬, 당근은 채칼을 이용해 얇게 썬다.
6. **소스 1** : 익힌 비트 20g, 그릭요거트 150g, 고추냉이, 소금, 후추를 함께 갈아서 볼에 담는다.
7. **소스 2** : 참치와 캔에 들어있던 올리브오일, 그릭요거트 25g, 크림치즈 75g, 레몬즙 ½, 소금, 후추를 함께 갈아서 볼에 담는다.
8. **소스 3** : 그릭요거트 75g, 크림치즈 75g, 민트잎, 올리브오일 1큰술, 레몬즙 ½, 레몬제스트, 소금, 후추를 함께 갈아서 볼에 담는다.
9. 세 가지 소스 볼을 플래터 중앙에 놓고 그 주위로 채소들을 조화롭게 배치한다.

가을 무지개

준비 30분 / 조리 40분

오렌지색 당근 2개
자색 당근 2개
노란 당근 1개
흰 당근 1개
긴 고구마 2개(400g)
콜리플라워 ¼개
마늘 1톨
흰 엔다이브 1개
붉은 엔다이브 2개
그릭요거트 150g
레몬 ½개(즙+제스트)

병아리콩 300g
메이플시럽 2큰술
올리브오일 4큰술+2작은술
타임 2줄기
커민 2작은술
소금, 후추
플래터 40x30cm

1. 오렌지색 당근과 고구마는 껍질을 벗기고 2cm 두께로 동그랗게 자른 뒤 올리브오일 2큰술, 메이플시럽, 타임잎, 소금, 후추로 간한다.
2. 콜리플라워는 꽃 모양대로 잘라서 올리브오일 1큰술, 커민, 소금 한 꼬집으로 간한다.
3. 병아리콩은 씻어서 물기를 제거하고 올리브오일 1작은술, 소금 한 꼬집, 커민 한 꼬집으로 간한다.
4. 마늘은 수평으로 이등분하여 올리브오일 1작은술을 뿌린 다음 다시 붙이고 유산지로 감싼다.
5. 오븐용 트레이에 고구마, 당근을 올리고 다른 트레이에 콜리플라워, 병아리콩, 마늘을 올리고 200도 오븐에서 20분간 굽다가 마늘만 20분간 더 굽는다.
6. 엔다이브는 잎을 떼고 남은 당근은 스틱 모양으로 자른다.
7. 마늘은 오븐에서 꺼내 알갱이만 빼낸 뒤 $1/2$만 으깨서 그릭요거트, 레몬제스트, 레몬즙, 올리브오일 1큰술, 소금, 후추를 넣고 잘 섞은 뒤 볼에 담아 플래터 중앙에 놓는다. 그 주위에 익힌 채소와 나머지 채소들을 배치한다.
8. 흰 엔다이브와 콜리플라워 사이에 나머지 익힌 마늘을 놓는다.

해산물 플래터

준비 25분 / 조리 10분

굴 12개

익힌 회색 새우 300g

익힌 분홍 새우 500g

홍합 1,000g

샬롯 1개

생강 10g

레몬 1개

라임 1개(제스트+즙)

와인 식초 6큰술

간장 2큰술

실온의 가염 버터 60g

달걀노른자 1개

머스터드 1작은술

식용유 100㎖

화이트와인 120㎖

소금 한 꼬집

후추 한 꼬집

호밀빵

플래터 45x37cm

1. 샬롯과 생강은 껍질을 벗겨 다진다. 레몬 1개와 라임은 제스트를 만든다.
2. **소스 1** : 식초와 다진 샬롯 ½을 섞어 볼에 담는다.
   소스 2 : 간장, 다진 생강, 라임즙 ½을 섞어 볼에 담는다.
   소스 3 : 버터 50g을 레몬제스트와 섞어서 볼에 담는다.
3. 달걀노른자는 머스터드, 소금, 후추와 섞은 후 식용유를 조금씩 추가하며 단단한 마요네즈를 만든 후 라임즙 1큰술, 라임제스트를 첨가하고 차게 보관한다.
4. 냄비에 남은 버터를 넣고 중불로 녹인 후 남은 샬롯을 넣고 3분 정도 익히다가 홍합을 넣고 잘 섞는다. 화이트와인을 붓고 뚜껑을 덮어서 4분 정도 익힌다.
5. 플래터에 껍질을 벗긴 굴을 놓고 세 가지 소스 볼과 홍합, 새우, 빵을 배치한 다음 레몬을 잘라서 올린다.

스프링 롤

준비 1시간 / 조리 45분

라이스 페이퍼 18장

닭가슴살 250g

새우 9개(길게 이등분)

채 썬 당근 150g

망고 ½개

채 썬 적양배추 150g

오이 1개(10cm 스틱 모양으로 자르기)

어린 시금치 한 줌

배추 150g(곱게 채썰기)

옥수수(팝콘용) 100g

짭짤한 구운 땅콩 100g

라임 2개

부추 6줄기

민트 3줄기

고수 6줄기

설탕 40g

메이플시럽 20g

느억맘 1작은술

고추 퓌레 1작은술

식용유 1.5큰술

베이킹소다 1작은술

스프링롤 소스

라임 1개

땅콩버터 2작은술

간장 1작은술

메이플시럽 1작은술

플래터 원형 40cm

1. **팝콘** : 팬에 기름 2큰술을 넣고 센불로 달군 후 옥수수알을 넣고 섞은 뒤 중불로 조절한다. 뚜껑을 덮고 옥수수알이 터지게 놔둔다. 옥수수알이 터지는 소리가 나지 않을 때까지 팬을 중간중간 흔들어준다.
2. 팝콘을 볼에 담고 땅콩 80g과 섞는다.
3. 팬에 라임즙(1개), 느억맘, 설탕, 메이플시럽 20g, 고추 퓌레를 넣고 5분간 익힌 후 불을 끄고 베이킹 소다를 첨가하고 휘저은 뒤 팝콘 위에 붓고 고르게 섞는다.
4. 오븐 트레이에 유산지를 깔고 팝콘을 펼쳐 놓은 후 120도 오븐에서 45분간 굽는다.
5. 닭가슴살은 식용유 1작은 술을 바른 후 팬에서 위, 아래 각각 3분 동안 익힌다.
6. **세 가지 속재료를 넣어 6개의 스프링 롤을 만든다**
    -미지근한 물에 라이스페이퍼를 적신 후 깨끗한 천에 페이퍼를 편다.
    -아래 세 가지 속재료를 넣고 돌돌 말아준 후 라이스 페이퍼의 끝을 접고 3등분으로 자른다.
    -속 재료 1: 새우, 배추, 당근, 망고, 오이, 남은 땅콩, 민트
    -속 재료 2: 양배추, 당근, 오이, 망고, 민트
    -속 재료 3: 닭고기, 양배추, 당근, 어린 시금치, 땅콩, 부추
7. **스프링롤 소스** : 땅콩버터, 라임즙, 라임제스트, 간장, 메이플시럽을 섞어서 볼에 담는다.
8. 플래터 위에 7의 소스 볼을 놓고 그 주위로 스프링 롤과 팝콘을 올린다.
9. 팝콘에 라임제스트와 고수잎을 뿌리고 라임 1개는 4등분하여 올린다.

컬러풀 플래터

그린 플래터

준비 45분 / 조리 20분

그린 사과 1개(얇게 썰기)

아보카도 1개(껍질 벗겨 8등분)

냉동 완두콩 250g

그린빈 150g

브로콜리 1개

피망 1개(길게 채썰기)

엔다이브 3개

로메인 1개(4등분)

콘샐러드(마슈) 한 줌

작은 초록색 토마토 4개(4등분)

오이 1개(길게 채썰기)

셀러리 3줄기(스틱 모양으로 자르기)

민트 1줄기

구아카몰 200g

페스토 1큰술

그릭요거트 250g

레몬 1개(즙)

쪽파 1대

올리브오일 2큰술

소금, 후추

플래터 45x37cm

1. 사과 슬라이스와 손질한 아보카도에 레몬즙 1/2을 뿌린다.
2. 냄비 3개에 물과 소금을 넣고 끓인다. 첫 번째 냄비에는 완두콩을 넣고 5분 동안, 두 번째 냄비에는 그린빈을 15분간, 세 번째 냄비에는 브로콜리를 꽃 모양대로 잘라 10분 동안 데친다. 데친 채소들을 건져내어 얼음물에 담가 놓는다.
3. 페스토, 그릭요거트 150g, 올리브오일 1큰술을 고르게 섞어서 볼에 담는다.
4. 완두콩 50g, 그릭요거트 100g, 다진 파, 민트잎, 올리브오일 1큰술, 남은 레몬즙, 소금, 후추를 함께 갈아서 볼에 담는다.
5. 구아카몰를 볼에 담는다.
6. 3, 4, 5의 소스 볼을 플래터 중앙에 올리고 그 주위로 채소들을 조화롭게 배치한다.

구운 콜리플라워

준비 20분 / 조리 20분

콜리플라워구이

콜리플라워 1kg
자타르 1작은술
커민씨 1작은술
훈연 파프리카 가루 1작은술
올리브오일 4큰술
소금, 후추

대파 크림

염소 치즈 150g
대파 1대
올리브오일 1작은술
라임 ¼개(즙)
소금, 후추

타히니소스(참깨 페이스트)

타히니 40g
라임 ¼개(즙)
물 20㎖
소금

석류 살사

석류 ½개
적양파 ½개(곱게 다지기)
생강 10g(곱게 다지기)
올리브오일 1큰술
레몬 ½개(즙)
고수 4줄기(다지기)
소금

서빙용

피타 빵 4개
라임 1개(4등분)

플래터 40x24cm

1. 대파는 흰 부분만 잘라 내어 3등분한다.
2. 콜리플라워 자른 것, 자타르, 커민, 훈연 파프리카 가루, 소금, 후추, 올리브오일을 섞어서 오븐 트레이에 펼쳐 놓고 여유 공간에 대파 흰 대를 올려 200도 오븐에서 20분간 굽는다.
3. **타히니 소스** : 타히니, 라임즙, 물, 소금을 섞어서 차게 보관한다.
4. **석류 살사** : 석류알, 생강, 양파, 고수, 올리브오일, 레몬즙, 소금을 섞어서 소스 볼에 담는다.
5. **대파 크림** : 염소 치즈, 구운 대파, 올리브오일, 라임즙, 소금, 후추를 함께 갈아서 소스 볼에 담는다.
6. 세 가지 소스 볼을 플래터에 올리고 그 주위로 구운 콜리플라워, 피타 빵, 4등분한 라임을 배치하고 고수잎으로 장식한다.

컬러풀 플래터

버터넛 호박구이와 훈제 연어

준비 20분 / 조리 20분

버터넛 호박 1개(600g)

훈제 연어 300g

석류 ½개

마스카르포네 치즈 250g

레몬 1개

딜 4줄기

작은 샬롯 1개

겨자씨 ½작은술

고수씨 ½작은술

메이플시럽 1작은술

올리브오일 1큰술

소금, 후추

비스코트 쿠키

플래터 40x30cm

1. 버터넛 호박은 껍질을 벗겨 반으로 잘라서 씨를 제거한 뒤 굵게 썰어서 소금, 후추, 메이플시럽, 올리브오일로 간한다. 오븐 트레이에 담아 180도 오븐에 20분 동안 굽는다.
2. 연어는 1cm 굵기로 자른다. 석류는 알을 뺀다. 레몬은 이등분하여 반은 즙을 내고 반은 얇게 썬다.
3. **마스카르포네 크림** : 마스카르포네 치즈, 고수씨, 겨자씨, 샬롯, 레몬즙, 소금, 후추를 고르게 섞는다.
4. 플래터에 구운 호박, 연어, 석류알, 마스카르포네 크림, 레몬 조각, 비스코트 쿠키를 줄지어 놓는다.
5. 다진 딜로 장식한다.

컬러풀 플래터

아이올리 플래터

준비 40분 / 조리 45분

대구 살 400g
자숙 새우 6개
익힌 고둥 12개
감자 400g
당근 3개
콜리플라워 ¼개
그린빈 250g
아티초크 3개
래디시 8개
쪽파 2개
달걀 4개
파슬리 2줄기

타임 2줄기
월계수 2장
마늘 4쪽
머스터드 1작은술
올리브오일 1큰술
식용유 200㎖
굵은소금 1큰술
소금, 후추
바게트 1개
플래터 40x30cm

1. 아이올리 소스
- 마늘은 껍질을 벗겨 다진다. 파슬리도 곱게 다진다.
- 볼에 달걀노른자 1개, 다진 마늘, 머스터드를 넣고 섞은 후 식용유를 조금씩 첨가하며 강하게 저어 마요네즈 질감을 만든다.
- 소금, 후추로 간하고 다진 파슬리를 넣은 후 볼에 담는다.

2. 달걀 세 개를 끓는 물에 넣어 7~8분 정도 익혀서 껍질째 찬물에 담가 놓는다.

3. 냄비에 물, 굵은소금, 타임, 월계수를 넣고 끓이다가 물이 끓기 시작하면 불을 낮추고 대구 살을 넣어 3분간 익힌 다음 불을 끈다. 뚜껑을 덮은 채 15분 정도 그대로 두었다가 체망에 담는다.

4. 찜기에 감자는 30분, 손질한 콜리플라워, 그린빈, 4cm 길이로 자른 당근, 아티초크는 15분 동안 찐다.

5. 바게트는 굵게 크루통 형태로 잘라 올리브오일을 뿌리고 오븐 트레이에 담아 그릴 아래에서 5분간 굽는다.

6. 플래터 중앙에 아이올리 소스 볼을 놓고 그 주위로 익힌 채소, 길게 4등분한 쪽파, 씻어서 잎을 제거한 래디시, 삶은 달걀, 새우, 고둥, 구운 빵, 굵게 결대로 뜯어 놓은 생선 살을 배치한다.

컬러풀 플래터

콥 샐러드

준비 15분 / 조리 15분

닭가슴살 2개(300g)
베이컨 10줄
달걀 3개
아보카도 2개
방울토마토 200g
페타 치즈 50g
레몬 1개
작은 로메인 상추 1개
마늘 1쪽

적양파 1개
파슬리 2줄기
메이플시럽 1큰술
소금, 후추
머스터드 1작은술
발사믹 식초 1작은술
올리브오일 3큰술
바게트 ½개
플래터 원형 40cm

1. 오븐 트레이에 베이컨을 놓고 메이플시럽을 바른 후 200도 오븐에서 10~15분간 굽는다.
2. 끓는 물에 달걀을 넣고 7~8분간 익힌 후 찬물에 식힌다.
3. 팬에 올리브오일 1큰술을 두르고 센불에서 닭가슴살을 앞뒤로 4분씩 굽다가 불을 끄고 뚜껑을 덮어 놓는다.
4. **비네그레트 소스** : 머스터드, 레몬즙 ½개, 남은 올리브유, 발사믹 식초, 소금, 후추를 함께 섞어서 볼에 담는다.
5. 빵은 적당히 잘라서 구운 다음 마늘로 비빈 후 굵은 크루통 형태로 자른다.
6. 플래터에 비네그레트 소스 볼을 올리고 그 주위로 로메인잎, 1cm 크기로 자른 닭가슴살, 이등분한 방울토마토, 길게 자른 아보카도, 이등분한 달걀, 동그랗게 자른 양파, 바게트 크루통, 구운 베이컨, 4등분한 레몬을 배치한다.
7. 으깬 페타 치즈와 다진 파슬리를 뿌린다.

컬러풀 플래터

닭구이와 페타 치즈

준비 20분 / 조리 10분

닭가슴살 250g(익혀서 소금, 후추로 간하기)

페타 치즈 200g

그린 파프리카 1개

노랑 파프리카 1개

방울토마토 250g

어린 시금치 50g

그릭요거트 150g

오레가노 한 꼬집

올리브오일 2큰술

소금, 후추

바게트 1/2개

플래터 40x30cm

1. 페타 치즈 100g, 그릭요거트, 오레가노, 소금, 후추, 올리브오일 1큰술을 고르게 섞어서 볼에 담아 차갑게 보관한다.
2. 팬에 올리브오일 1큰술을 두르고 센불에서 닭가슴살을 앞뒤로 4분씩 굽다가 불을 끄고 뚜껑을 덮은 채 미지근하게 둔다.
3. 파프리카는 길게 자른다.
4. 플래터 끝에 1의 페타 치즈 소스 볼을 놓고 그 주위로 파프리카, 닭가슴살, 방울토마토, 어린 시금치, 바게트 슬라이스를 배치한다.
5. 남은 페타 치즈를 으깨서 시금치 위에 올린다.

컬러풀 플래터

참치 타다키

준비 15분 / 조리 10분

붉은 참치살 300g
키위 1개
아스파라거스 1단
익힌 비트 200g
작은 적양파 1개
라임 1개
고수 2줄기+장식용
참깨 갈아서 1큰술
통깨 1작은술

올리브오일 2큰술
식용유(조리용) 1큰술
간장 3큰술+1작은술
소금, 후추
피타 빵 4개
플래터 34x34cm

1. 팬에 식용유를 두르고 중불로 참치를 앞뒤로 30초씩 굽는다. 접시에 담고 간장 2큰술을 바른다. 간장이 스며들게 그대로 둔다.
2. **키위 살사** : 키위는 껍질을 벗겨 곱게 다지고 적양파와 고수 1줄기도 다진다. 라임은 즙을 낸다.
볼에 다진 키위와 양파, 올리브오일 1큰술, 라임즙(½), 간장 1작은술, 다진 고수를 넣고 고르게 섞은 후 소스 볼에 담고 장식용 고수를 올린다.
3. 아스파라거스는 찜기로 10분간 찐다.
4. 비트는 네모나게 썰어 남은 라임즙, 올리브오일 1큰술, 참깨 간 것, 소금, 후추로 간한 후 볼에 담아 통깨를 뿌린다.
5. 플래터 중앙에 4와 2를 올리고, 간장 1큰술을 작은 볼에 담아 올린다.
6. 참치를 잘라서 플래터에 가지런히 올리고, 아스파라거스, 이등분한 피타 빵, 4등분한 라임을 놓는다.

컬러풀 플래터

소고기 그릴

준비 20분 / 조리 12분 / 휴지 10분

럼스테이크(우둔살) 600g(실온에 꺼내 놓기)

블루 치즈 1조각

블랙 올리브 150g

방울토마토 200g

스노우피(껍질째 먹는 완두콩) 250g

루콜라 50g

라디치오 2개

타임 2줄기

마늘 1쪽

올리브오일 4큰술

머스터드 2큰술

굵은소금 한 꼬집

소금, 후추

캉파뉴 빵 슬라이스 2개

플래터 32x50cm

1. 스노우피는 끓는 물에 굵은소금 한 꼬집을 넣고 5분간 데친 후 찬물에 담근다.
2. 캉파뉴에 올리브오일 1큰술을 바르고 타임잎(1줄기)을 뿌려 그릴에 굽는다.
3. 큰 팬을 센불에 달군 후 올리브오일 1큰술, 타임 1줄기, 으깬 마늘을 넣고 볶다가 고기를 넣고 남은 올리브오일을 추가하여 4분간 익히다가 고기를 뒤집어 2분간 더 굽는다.
(미디엄 레어를 원하면 한쪽 면을 2분, 뒤집어서 1분 굽는다.)
4. 익힌 고기는 유산지에 싸서 육즙이 빠지지 않게 보관한다.
5. 고기를 일정한 크기로 잘라서 플래터에 놓고 소금과 후추를 뿌리고, 머스터드소스와 블랙 올리브는 작은 볼에 담아 올린다.
6. 나머지 준비된 재료들을 먹음직스럽게 배치한다.

컬러풀 플래터

낙지, 홍합, 가리비

준비 40분 / 조리 20분

작은 낙지(수비드로 익힌*) 150g

홍합 1,000g

(손질한) 가리비 6개

스노우피(껍질째 먹는 완두콩) 200g

석류 ¼

초리조 50g

토마토 1개

생강 20g

마늘 1쪽

샬롯 1개

쪽파 1개

레몬 1개(제스트+즙)

라임 1개(제스트+즙)

파슬리 2줄기

화이트와인 150㎖

가염 버터 70g

올리브오일 2큰술+1작은술

소금, 후추

캉파뉴 빵 슬라이스 4개

플래터 50x32cm

* 수비드(sous-vide)

진공 상태를 말하며, 재료를 진공 팩에 넣어 100도 이하 온도에서 중탕하거나 스팀으로 익히는 조리법

1. 토마토 살사
- 생강, 마늘은 껍질을 벗겨 곱게 다지고 토마토와 파슬리 1줄기도 다진다.
- 다진 마늘 ½, 다진 생강, 다진 파슬리, 올리브오일 1작은술, 소금 한 꼬집, 후추,
라임즙과 라임제스트를 섞어서 차게 보관한 뒤 볼에 담는다.

2. 스노우피는 끓는 물에 소금을 넣고 5분간 익힌 후 찬물에 담가 놓고, 샬롯, 초리조, 파슬리 1줄기를 다진다.

3. 냄비에 올리브오일 1큰술, 버터 20g을 넣고 중불에서 녹이다가 다진 샬롯과 초리조를 넣고 3분간 익힌다.
홍합을 추가하여 섞어주고 화이트 와인을 붓고 뚜껑을 덮고 3분간 더 익힌다.
불을 끄고 다진 파슬리 절반을 넣어 고르게 섞은 다음 뚜껑을 덮고 따뜻하게 보관한다.

4. 팬에 올리브오일 1큰술을 두르고 센불에서 낙지와 다진 마늘 반을 넣고 1분간 볶다가 소금으로 간하고 따로 보관한다.

5. 빵은 버터 20g을 바르고 그릴에서 5분간 굽는다.

6. 플래터 중앙에 1의 토마토 살사 볼을 놓고 빵, 국물을 뺀 홍합, 스노우피, 낙지, 가리비 빈 껍데기를 놓는다.

7. 중불로 달군 팬에 버터 30g을 넣어 거품이 생기면 가리비 살을 넣고 앞뒤로 약 20초씩 익힌 후 플래터에 놓인 가리비 껍데기 속에 넣는다.

8. 7번 팬에 레몬즙과 레몬제스트, 다진 파슬리, 다진 쪽파, 석류알을 넣고 잘 섞은 뒤 관자 위에 뿌린다. 파슬리로 장식하고 바로 낸다.

염소 치즈 토핑 미니 피자와 올리브 딥 122
타코 124
치즈 듬뿍 크로크무슈 126
가지, 모차렐라, 참치, 파프리카 크로스티니 128
더블 피자 플래터 130
무이예트, 딥과 달걀 반숙 132
과일 치즈 타르틴 듀오 134
참치 마요네즈와 송어 오이 타르틴 136
배, 페스토, 치즈 타르틴 138
따뜻한 타르틴과 차가운 타르틴 140
치즈 타르틴과 신선한 채소 142
리예트를 바른 향신료 빵 144
핫도그 146

타르틴&피자 플래터

토핑에 따라 다양한 맛과 멋이 느껴지는

타르틴(오픈 샌드위치), 미니 피자, 타코 등으로 귀엽고 재미있게 차린 플래터

염소 치즈 토핑 미니 피자와 올리브 딥

준비 20분 / 조리 20분

냉동 피자도우 1개
염소 치즈 90g
생모레 치즈(또는 크림치즈) 150g
꿀 2작은술
타프나드* 100g
바질 2줄기
셀러리 150g
헤이즐넛 100g
블랙 올리브(칼라마타) 150g
방울토마토 250g
타임 4줄기
올리브오일 3큰술
소금, 후추
플래터 30x24cm

*타프나드(Tapenade)
올리브, 케이퍼, 앤초비, 마늘, 레몬즙 등에 올리브오일을 넣고 갈아 만든 페스토.

1. **미니 피자**
-피자 반죽을 펼쳐 작은 컵을 이용해 16개의 미니 도우를 만든다.
-염소 치즈를 16개의 조각으로 나눈다.
-오븐 트레이에 미니 도우들을 올리고 크림치즈 ½작은술씩을 바른 뒤 염소 치즈를 올리고
올리브오일 2큰술, 타임 2줄기, 소금, 후추를 나누어서 뿌린다.
2. **피자 크래커** : 또 다른 오븐 트레이에 남은 도우 반죽을 자유롭게 잘라서 올리고 올리브오일, 남은 타임과 소금, 후추를 뿌린다.
3. 1, 2번 트레이를 오븐에 넣고 200도에서 15분간 굽는다.
4. **타프나드 크림** : 타프나드와 남은 생모레 크림치즈를 섞어서 바질 1줄기, 올리브오일 1큰술을 추가하고 차갑게 보관한 뒤 볼에 담는다.
5. 헤이즐넛, 올리브를 각각 담은 볼과 4의 타프나드 크림 볼을 플래터 중앙에 올린다.
6. 방울토마토, 셀러리 스틱, 미니 피자, 피자 크래커를 보기 좋게 올리고 바질잎으로 장식한다.

타르틴&피자 플래터

타코

준비 30분 / 조리 7분

다진 소고기 300g
방울토마토 6개
피망 ½개
적양배추 ¼개
오이 ½개
래디시 8개
구운 베이컨 6줄
로메인 상추 1개
홍고추 1개
옥수수 캔 150g
옥수수 피클
구아카몰 200g
페타 치즈 100g

라임 2개
식용유 1큰술
마늘 1쪽
오레가노 한 꼬집
커민 한 꼬집
적양파 1개
고수 3줄기
매콤한 소스 1작은술
소금, 후추
토르티야
플래터 원형 40cm

1. 방울토마토, 적양파 ¼, 고수를 잘게 다져서 매콤한 소스, 라임즙 ½을 넣고 섞은 후 차게 보관한다.
2. 적양파 ½과 마늘 1쪽을 다져서 팬에 식용유를 두르고 센불에서 볶다가 커민, 오레가노를 넣고 3분 정도 볶는다.
다진 소고기를 팬에 추가하고 4분 동안 저어주며 익히다가 불을 끈다. 소금, 후추로 간하고 볼에 담는다.
3. 적양배추와 남은 양파를 곱게 채 썬다. 오이는 스틱 모양으로 자른다. 래디시는 채칼을 이용하여 얇게 썰고 홍고추는 동그랗게 썬다.
4. 플래터에 1의 소스 볼과 2의 소고기 볼을 올리고, 으깬 페타 치즈와 굵게 다진 피망, 옥수수알, 구아카몰을 각각 볼에 담아 올린다.
5. 볼 주위로 토르티야, 옥수수 피클, 적양배추, 양파, 오이, 4등분한 로메인, 래디시, 베이컨, 4등분한 라임을 놓고 고수잎으로 장식한다.

타르틴&피자 플래터

치즈 듬뿍 크로크무슈

준비 20분 / 조리 15분

식빵 18장
잠봉(익힌 햄) 100g
잠봉(생햄) 3장
체다 치즈 6장
배 ½개
트레비스 상추 9장
콩테 치즈(갈아서) 150g
모르비에 치즈 100g
진한 생크림 400g
버터 100g

타임 2줄기
식용유 1~2큰술
어린 루콜라 1줌
어린 시금치 1줌
방울토마토
소금, 후추
플래터 40x24cm

1. 모든 식빵의 한쪽 면에 생크림을 바르고 소금, 후추로 간한다. 세 장의 식빵에 체다 치즈 1장, 익힌 잠봉, 체다 치즈 1장을 순서대로 올리고 생크림 바른 쪽을 마주 보게 하여 식빵 한 장을 덮고 따로 보관한다.
2. 세 장의 다른 식빵에 콩테 치즈 가루를 1큰술씩 올리고 타임을 뿌린 후 생햄 1장과 트레비스 상추 3장을 순서대로 올린다. 생크림 바른 쪽을 마주보게 하여 식빵 한 장을 덮고 따로 보관한다.
3. 배는 껍질을 벗겨 9등분한다. 남은 식빵 세 장에 콩테 치즈 가루를 1큰술 올리고 모르비에 치즈 1/3과 배 3조각을 각각 올리고 생크림 바른 쪽을 마주보게 하여 식빵 한 장을 덮고 따로 보관한다.
4. 버터를 삼등분하여 1조각만 팬에 넣고 약간의 오일을 넣고 중불에서 녹인다. 샌드위치 세 개를 팬에 올리고 위, 아래 2분씩 노릇하게 굽는다. 나머지 샌드위치도 이 과정을 반복한다.
5. 오븐용 트레이에 모든 빵을 올리고 200도 오븐에서 5분간 구운 후 각각 이등분한다.
6. 플래터에 루콜라와 어린 시금치를 전체적으로 깔고 그 위에 샌드위치를 놓는다. 샌드위치 사이사이 방울토마토로 장식한다.

가지, 모차렐라, 참치, 파프리카 크로스티니*

준비 20분 / 조리 15분

모차렐라 치즈 30g

가지 캐비어* 50g

참치캔 30g

생모레 치즈(또는 크림치즈) 30g

마스카르포네 치즈 50g

작은 붉은 파프리카 1개(100g)

굵은 케이퍼 20개

루콜라 1줌

바질 1줄기

올리브오일

소금, 후추

바게트 1개

플래터 36x20cm

*가지 캐비어
가지를 오븐에 구워 껍질을 제외하고 허브와 향신료를 넣고 갈아서 만든 딥

* 크로스티니
빵을 작은 크기로 잘라 바삭하게 구워서 갖가지 토핑을 올려 만든 전채요리

1. 바게트는 1cm 두께로 자른 후 이등분해 약 60개 조각으로 나누고 그릴에서 가볍게 굽는다.
2. 플래터에 바게트의 잘린 면이 바깥을 향하도록 배치한다.
3. 파프리카는 잘라서 오븐 트레이에 올려 올리브오일, 소금, 후추로 간한 후 200도 오븐에서 15분간 굽는다.
4. 바게트의 1/3은 가지 캐비어를 바르고 모차렐라 조각을 올린 후 바질잎으로 장식한다.
1/3은 생모레 치즈를 바르고 참치 1조각과 굵은 케이퍼 1개씩을 올린다.
5. 구운 파프리카를 마스카르포네 치즈와 갈아서 나머지 1/3의 바게트에 펴 바르고 루콜라잎을 올린다.
6. 차갑게 보관했다가 먹기 직전 꺼낸다.

더블 피자 플래터

준비 20분 / 조리 15분

피자 반죽(또는 토르티야) 2장
마스카르포네 치즈 2큰술
토마토소스 2큰술
잠봉(익힌 햄) 4장
잠봉(생햄) 4장
모차렐라 펄 150g
절임 앤초비 6개
방울토마토 100g
블랙 올리브 12개
파마산 치즈 20g
고르곤졸라 치즈 150g

바질 3줄기
오레가노 2꼬집
페페론치노(크러쉬드 레드페퍼) 한 꼬집
루콜라 1줌
올리브오일 6큰술
소금, 후추
플래터 원형 40cm

1. 피자 반죽을 펼쳐서 1장에는 마스카르포네 치즈를 바르고 다른 1장은 토마토소스를 바른다. 오레가노, 소금, 후추를 뿌리고 200도 오븐에서 15분간 굽는다.
2. 올리브오일 2큰술, 바질 1줄기, 소금 한 꼬집, 후추, 모차렐라 펄을 섞어서 볼에 담는다.
3. 페페론치노를 볼에 담아 두고, 팬에 올리브오일 2큰술을 넣고 달구다가 거품이 일면 볼에 붓는다.
4. 플래터에 2와 3의 소스 볼, 올리브와 앤초비를 각각 담은 볼을 올린다.
5. 피자는 오일을 2큰술 뿌린 후 8조각으로 자르고 소스 볼 옆에 놓는다.
6. 루콜라, 고르곤 졸라, 이등분한 방울토마토, 잠봉, 파마산 치즈를 먹음직스럽게 올리고 바질잎으로 장식한다.

무이예트*, 딥과 달걀 반숙

준비 20분 / 조리 5분

비트 크림

마스카르포네 치즈 80g

익힌 비트 80g

딜 2줄기

올리브오일 1큰술

소금, 후추

민트 크림

그릭요거트 150g

민트 2줄기

깐마늘 1쪽

올리브오일 1큰술

소금, 후추

고수 크림

그릭요거트 150g

커민 ½작은술

고수씨 ½작은술

고수 2줄기

적양파 ½개

올리브오일 1큰술

소금, 후추

가니시용

달걀 4개

잠봉(익힌 햄) 100g

버터 20g

바게트 ½개

천연발효종 빵 4조각

플래터 원형 30cm

* 무이예트

달걀 반숙이나 커피 등에 찍어 먹기 좋게 빵을 길게 스틱 모양으로 자른 것

1. 각각의 소스 재료들을 믹서기에 넣고 갈아서 차갑게 보관한다.
2. 빵에 버터를 바르고 그 위에 익힌 잠봉을 올린 뒤 무이예트 모양으로 자른다.
3. 바게트를 무이예트 모양으로 잘라서 220도 오븐 그릴에서 5분간 굽는다.
4. 1의 소스들을 볼에 담아 플래터 중앙에 올리고 그 주위에 에그 홀더를 놓고 무이예트 빵들을 놓는다.
5. 딜, 민트, 커민씨로 소스를 장식한다.
6. 끓는 물에 달걀을 넣고 4~4분 30초 동안 익힌 후 에그 홀더에 담고 윗부분의 껍질을 까서 바로 낸다.

타르틴&피자 플래터

과일 치즈 타르틴 듀오

준비 15분 / 조리 10분

카망베르 치즈 1개
브리 치즈 1조각
무화과잼 8작은술
사과 1개
무화과 4개
어린 시금치 1줌
버터 20g
후추
잡곡빵 슬라이스 8개
플래터 40x24cm

1. 사과를 4등분한 뒤 다시 얇게 네 조각으로 썬다.
2. 모든 빵에 버터를 바르고 빵 4개에만 사과 슬라이스를 올리고 200도 오븐에서 10분간 굽는다.
3. 나머지 4개의 빵은 무화과잼을 바르고 4등분 한다.
4. 카망베르 치즈와 브리 치즈를 모두 16등분 한다.
5. 두 가지 빵을 4등분한 뒤 플래터에 바둑판 모양으로 배치한다.
6. 사과를 올린 빵에는 카망베르 1조각을 올리고, 무화과잼을 바른 빵에는
시금치 잎, 브리 치즈 한 조각, 무화과 한 조각을 차례로 올린다.
7. 후추를 뿌리고 바로 낸다.

타르틴&피자 플래터

참치 마요네즈와 송어 오이 타르틴

준비 25분

참치 으깬 것 100g

훈제 송어(또는 훈제 연어) 120g

셀러리 줄기 ½개

오이 ½개

초록 사과 1개

프레시치즈(또는 크림치즈) 60g

마요네즈 40g

케이퍼 1큰술

딜 1줄기

핑크 후추 1작은술

건 크랜베리 1작은술

후추

식빵 8장

플래터 40x30cm

1. 셀러리를 곱게 다져서 으깬 참치와 셀러리, 마요네즈와 섞는다.
2. 오이는 채칼을 이용하여 아주 얇게 썰고 사과는 이등분하여 가운데 심을 제거하고 채칼을 이용하여 얇게 자른다.
3. 1의 참치 마요네즈를 식빵 4장에 고르게 펴 바르고 그 위에 사과 슬라이스를 겹쳐 올린다.
4. 나머지 식빵 4장에 프레시치즈를 바르고 오이 슬라이스를 올린다.
5. 모든 빵을 삼각형으로 잘라서 토핑이 다른 빵끼리 짝을 지어 플래터에 체스 모양으로 배열한다.
6. 사과 타르틴에는 케이퍼와 다진 건 크랜베리를 올리고 후추를 뿌린다.
7. 오이 타르틴에는 훈제 송어, 딜과 핑크 후추를 뿌린다.
8. 차갑게 보관했다가 낸다.

배, 페스토, 치즈 타르틴

준비 30분 / 조리 3분

고르곤졸라 치즈 1조각

콩테 치즈 1조각

브리 치즈 1조각

어린 시금치 30g

잣 10g

페스토 4작은술

배 ½개

진한 생크림 4작은술

올리브오일 4작은술

호두 12조각

소금, 후추

캉파뉴 빵 슬라이스 6개

플래터 40x30cm

1. 빵을 길게 이등분한 뒤 4장은 생크림, 4장은 페스토, 4장은 올리브오일 2작은술을 바른다.
2. 잣을 팬에서 센불로 3분 정도, 타지 않게 쉬지 않고 저어주며 볶는다.
3. 배와 콩테 치즈를 얇게 잘라서 생크림 타르틴(빵)에 올리고 후추로 간한다.
4. 브리 치즈를 잘라서 페스토 타르틴에 올리고 호두를 올린다.
5. 올리브오일 타르틴에 어린 시금치 잎을 2~3개씩 올리고 고르곤졸라 1조각과 구운 잣을 올린다.
6. 모든 타르틴에 남은 올리브오일을 뿌리고 소금을 살짝 뿌린다.
7. 플래터에 타르틴을 조화롭게 배열한다(먹기 전 오븐 그릴에서 3분 정도 구워 내도 좋다).

따뜻한 타르틴과 차가운 타르틴

준비 10분 / 조리 10분

크림 타입의 염소 치즈 1개
작은 호박 1개(150g)
베이컨 6장
페스토 3큰술
진한 생크림 40g
프레시치즈 100g(또는 크림치즈)
호두 20g
민트 1줄기

로즈메리 1줄기
올리브오일 2큰술
소금, 후추
캉파뉴 빵 슬라이스 6개
플래터 원형 40cm

1. 빵 세 개는 진한 생크림을 바르고 소금, 후추로 간한다.
2. 다른 빵 세 개는 프레시치즈를 발라 소금, 후추로 간한 뒤 페스토를 펴 바르고
다진 호두를 올린 뒤 민트잎을 뿌려 차갑게 보관한다.
3. 호박은 채칼을 이용하여 아주 얇게 썬다. 1번 빵에 호박을 올리고 다진 로즈메리를 뿌린다.
그 위에 베이컨을 2줄씩 올리고 올리브오일을 1큰술 뿌린 뒤 오븐 그릴에서 5~7분간 굽는다.
4. 오븐에서 꺼내 염소 치즈를 8~9등분 하여 나눠 올린 뒤 다시 오븐 그릴에 넣고 3분간 더 굽는다.
5. 2번 차가운 타르틴에 올리브오일 1큰술을 뿌린다.
6. 타르틴을 2~3등분하여 플래터 위에 보기 좋게 배열한다.

타르틴&피자 플래터

치즈 타르틴과 신선한 채소

준비 20분 / 조리 5분

캉파뉴 빵 슬라이스 6개
브리 치즈 1조각
마스카르포네 치즈가 들어간 고르곤졸라 치즈 75g
콩테 치즈 100g
크리미한 염소 치즈 1개
마스카르포네 치즈 또는 진한 생크림 200g
셀러리 3줄기
당근 3개
붉은 엔다이브 1개
흰 엔다이브 1개

로메인 1개
스노우피(껍질째 먹는 완두콩) 100g
블루베리 100g
로즈메리 1줄기
타임 1줄기
올리브오일 1큰술
소금, 후추
플래터 50x32cm

1. 스노우피는 끓는 물에 소금을 넣고 5분간 데친 후 찬물에 헹궈서 체망에 놓는다.
2. 엔다이브와 로메인은 잎을 떼고 당근과 셀러리 줄기는 스틱 모양으로 자른다.
3. 빵을 2조각으로 사진과 같이 불규칙한 길이로 자른 뒤 플래터에 살짝씩 겹쳐 올리며 자리를 정한다.
6. 빵 위쪽에 야채를 놓고 한쪽 끝에 블루베리 공간을 남겨 둔다.
5. 플래터에서 타르틴을 빼서 오븐 팬으로 옮기고 마스카르포네 치즈 또는 진한 생크림을 모든 빵의 한쪽 면에 펴 바르고 소금으로 간한 뒤 다음과 같이 토핑한다.
1) 로즈메리와 브리 치즈 올리기 2) 후추를 뿌리고 마스카르포네 들어간 고르곤졸라 치즈 올리기
3) 후추를 뿌리고 콩테 치즈 올리기 4) 올리브오일, 타임을 뿌리고 염소 치즈 올리기
6. 팬을 오븐 그릴에 놓고 5분 동안 굽는다.
7. 구운 타르틴을 꺼내 플래터의 원래 자리로 옮긴다. 마지막에 블루베리를 올린다.

타르틴&피자 플래터

리예트를 바른 향신료 빵

준비 15분

리예트 1조각(돼지고기, 거위 또는 오리고기로 만든)

후추로 양념한 훈제 고등어 필레 150g

얇은 잠봉(익힌 햄) 150g

프레시치즈 150g

래디시 1다발

가염 버터 80g

파슬리 2줄기

부추 6줄기

콩테 1조각

레몬 1개(제스트+즙)

소금, 후추

향신료 빵 슬라이스 8개

호밀빵

플래터 40x30cm

1. 파슬리, 부추를 곱게 다진다.
2. 고등어는 껍질을 벗기고 살만 그릇에 담아 포크로 잘게 으깬 뒤 레몬제스트, 레몬즙, 프레시치즈, 소금 한 꼬집, 다진 파슬리 ½과 섞어서 볼에 담고 차갑게 보관한다.
3. 남은 파슬리, 버터, 다진 부추, 후춧가루 한 꼬집을 잘 섞어서 볼에 담는다.
4. 플래터에 2의 고등어 리예트, 3의 허브 볼을 올리고 고기, 콩테, 잠봉, 래디시, 향신료 빵, 호밀빵을 배치한다.

타르틴&피자 플래터

핫도그

준비 15분 / 조리 20분

소시지 4개
핫도그 빵 4개
옥수수 2개
방울토마토 250g
페타 치즈 35g
오이피클 2개
마늘 1쪽
크러쉬드 레드페퍼 한 꼬집
고수 2줄기
딜 2줄기

양파튀김 가루
머스터드
마요네즈
케찹
해바라기 오일(식용유) 50㎖
올리브오일 1큰술
소금, 후추
플래터 34x34cm

1. 옥수수는 각각 4등분 한 뒤 올리브오일을 바르고 소금, 후추를 뿌린다. 180도 오븐에서 20분간 굽는다.
2. **살사 소스** : 방울토마토 절반과 마늘을 다져서 볼에 담고 레드페퍼, 소금 한 꼬집으로 간한다. 팬에 해바라기 오일을 끓여 볼에 붓는다.
3. 냄비에 물과 소시지를 넣고 물이 끓으면 5분 정도 소시지를 익힌다.
4. 작은 소스 볼에 각각 케챱, 마요네즈, 머스터드를 담아 플래터에 올린다.
5. 2번 살사소스와 양파튀김 가루, 으깬 페타 치즈, 다진 오이피클을 각각 볼에 담아 플래터에 올린다.
6. 소시지, 핫도그 빵, 옥수수, 남은 토마토를 보기 좋게 배치하고 고수와 딜로 장식한다.

구운 닭꼬치 150
양송이와 구운 닭꼬치 152
카레 두부 꼬치 154
꿀을 바른 할루미 치즈 꼬치 156
당근과 구운 연어 꼬치 158
아코디언 꼬치 160
티안식 꼬치 162
소시지와 구운 옥수수 꼬치 164
소고기 가지 꼬치 166
방울토마토 불레트 168
머스터드 닭가슴살 불레트 170
잠봉 파마산 꼬치 172
참치 라이스 불레트 174

미트볼&꼬치 플래터

구운 육류와 채소를 꼬치에 끼워
동그란 플래터 위에 풍성하게 차린 플래터.

구운 닭꼬치

준비 15분 / 조리 30분

알감자 500g

닭가슴살 300g

샬롯 1개

어린 시금치 50g

생모레 치즈(또는 크림치즈) 100g

머스터드 1큰술

딜 2줄기

부추 6줄기

그릭요거트 150g

하리사* 1작은술

올리브오일 5큰술

소금, 후추

통밀빵 슬라이스 8개

플래터 40x30cm

* 하리사(harissa)
홍고추, 올리브, 소금 등을 넣고 만든 북아프리카의 소스

1. 닭가슴살은 소금, 후추로 간한 뒤 중불로 달군 팬에 올리브오일 1큰술을 넣고 6분간 굽는다.
뒤집어서 3분 더 익힌 뒤 불을 끄고 뚜껑을 덮어서 따뜻하게 보관한다.
2. 감자는 찜기에 20분간 찌고 식은 닭가슴살은 큐브 모양으로 자른다.
3. **닭고기 리예트** : 큐브 모양으로 자르고 남은 100g의 자투리 닭가슴살을 샬롯과 함께 갈아서
치즈, 머스터드, 올리브오일 1큰술을 넣고 고르게 섞은 뒤 볼에 담아 차갑게 보관한다.
4. **허브 크림** : 딜과 부추를 곱게 다져서, 그릭요거트, 소금, 후추, 올리브오일 1큰술과 고르게 섞은 후 볼에 담아 차갑게 보관한다.
5. **하리사 오일** : 하리사와 올리브오일 2큰술을 섞어서 작은 소스 볼에 담는다.
6. 꼬치에 시금치와 큐브 모양의 닭가슴살을 꽂는다.
7. 플래터 중앙에 3, 4, 5의 소스 볼을 올린다. 그 주위로 닭꼬치, 찐 감자, 빵 슬라이스를 배열한다.

미트볼&꼬치 플래터

양송이와 구운 닭꼬치

준비 15분 / 조리 20분

닭 안심 6개
양송이버섯 200g
다양한 색깔의 당근 4개
어린 시금치 1줌
방울토마토 200g
그린 & 블랙 올리브 50g
적양파 1개
마늘 1쪽
로즈메리 1줄기

후무스 150g
파메산 치즈 20g
올리브오일 3큰술
소금, 후추
바게트 ½개
플래터 40x24cm

1. 당근은 스틱 모양으로 자르고 양파는 8등분 한 뒤 낱장으로 떼어 낸다.
2. 꼬치에 양파, 양송이를 번갈아 꽂는다.
3. 다진 마늘과 오일을 섞어놓는다.
4. 오븐 트레이에 유산지를 깔고 당근, 양파 양송이 꼬치, 닭 안심을 올린 뒤 3의 마늘 오일과 소금, 후추를 뿌린다. 닭 안심에만 파마산과 로즈메리를 뿌린 후 200도 오븐에서 20분간 굽는다. 10분 정도 남았을 때 닭 안심을 꺼내 유산지로 덮어 따뜻하게 보관한다.
5. 닭 안심을 놓았던 자리에 바게트 슬라이스를 놓고 10분간 더 굽는다.
6. 후무스와 올리브를 각각 볼에 담아 플래터에 올리고 그 주위에 양파 양송이 꼬치를 놓는다.
7. 플래터에 시금치를 깔고 닭 안심구이를 올린다. 구운 당근, 방울토마토, 구운 바게트를 보기 좋게 올린다.

미트볼&꼬치 플래터

카레 두부 꼬치

준비 20분 / 조리 25분

큐브로 자른 두부 400g

고구마 400g

로마네스크 브로콜리 1개

어린 시금치 1줌

사과 자른 것 1개

오렌지 1개

적양파 1개

레몬즙 1큰술

그릭요거트 150g

카레 페이스트 1큰술

참깨 1큰술

올리브오일 2큰술

소금, 후추

토르티야 4장

플래터 34x34cm

1. 볼에 큐브로 자른 두부와 카레 페이스트, 참깨, 올리브오일 1큰술, 소금 한 꼬집을 넣고 잘 섞는다.
2. 적양파는 8등분한 뒤 낱장으로 떼어 놓는다. 꼬치에 두부와 양파를 번갈아 꽂는다.
3. 고구마는 껍질을 벗겨 네모나게 썰어서 올리브오일 1큰술을 바르고 소금, 후추로 간한다.
4. 오븐 트레이에 고구마를 나란히 놓고 그 옆에 두부 양파 꼬치를 놓는다. 200도 오븐에서 25분간 굽는다.
5. 로마네스크 브로콜리는 꽃 모양대로 잘라 찜기에서 20분간 익힌다.
6. 오렌지는 $\frac{1}{4}$만 제스트를 내고 나머지는 4등분 한다. 그중 한 개는 즙을 짜서 레몬즙, 그릭요거트, 오렌지제스트, 소금, 후추와 섞는다.
7. 플래터 중앙에 6의 그릭요거트 소스를 올리고 그 주위로 준비된 재료들을 보기 좋게 배치한다.

미트볼&꼬치 플래터

꿀을 바른 할루미 치즈 꼬치

준비 분준비 15분 / 조리 10분

할루미 치즈 400g
그릭요거트 150g
방울토마토 250g
오이 1개
루콜라 1줌
어린 시금치 1줌
민트 1줄기
타임 1줄기

카레 2작은술
꿀 1작은술
마늘 1쪽
올리브오일 3큰술
소금, 후추
피타 빵
플래터 40x30cm

1. 할루미 치즈를 12등분 해서 꼬치에 하나씩 끼운다.
2. 올리브오일 2큰술, 카레 한 꼬집, 소금, 후추를 섞어서 할루미 치즈에 바른 후 꼬치를 오븐 트레이에 올려 둔다.
3. 그릭요거트의 반을 카레 한 꼬집, 민트와 섞어서 볼에 담는다.
   그릭요거트의 나머지 반은 다진 마늘, 타임, 소금, 후추, 올리브오일 1큰술과 섞어서 볼에 담는다.
4. 오이는 길게 이등분하여 반달 모양으로 1cm 두께로 썬다.
5. 플래터 중앙에 3의 소스 볼들을 올리고 그 주위로 오이, 루콜라, 어린 시금치, 방울토마토를 놓고 꼬치용 자리를 남겨둔다.
6. 180도의 오븐에서 할루미 꼬치를 10분간 구운 뒤 플래터의 꼬치 자리에 올리고 꿀을 바른다.
7. 피타 빵에 소스를 발라 야채들을 싸서 먹는다.

당근과 구운 연어 꼬치

준비 15분 / 조리 10분

연어 2조각(240g)
대파 2대
당근 300g
엔다이브 2개
코코넛 자른 것 100g
물 150㎖
마늘 2쪽
홍고추 1개
레몬 1개
그릭요거트 2큰술

카레 페이스트 1큰술
생강 20g
고수 4줄기
통깨 1큰술
고수씨 2작은술
메이플시럽 2큰술
해바라기오일 (식용유) 1작은술
소금
플래터 원형 30cm

1. 카레 페이스, 그릭요거트 1큰술, 소금 한 꼬집을 섞어서 연어에 바른 후 차가운 곳에 보관한다.
2. 레몬은 이등분한 후 ½만 즙을 짠다. 마늘, 생강은 껍질을 벗긴다. 고수는 잎을 떼고 줄기는 따로 보관한다.
3. **코코넛 소스** : 코코넛, 물 150㎖, 메이플시럽 1큰술, 레몬즙, 생강, 고추, 마늘, 그릭요거트 1큰술, 소금, 고수씨 ½, 고수 줄기를 함께 갈아서 차가운 곳에 보관한 뒤 볼에 담는다.
4. 대파의 흰 부분만 2cm 크기로 자르고 당근도 동그랗게 2cm 두께로 자른 후 찜기에 넣고 15분간 익힌다. 찜기에서 꺼내 뜨거울 때 그릇에 담고 오일, 메이플시럽 1큰술, 소금 한 꼬집, 다진 고수씨, 통깨를 뿌린다.
5. 플래터 중앙에 3의 코코넛 소스 볼을 올리고 대파와 당근을 꼬치에 꽂아 볼 주위에 배치한다.
6. 연어의 껍질은 제거하고 작은 큐브로 잘라 볼 주위에 놓고 엔다이브는 길게 4등분해 놓는다.
7. 고수잎으로 장식하고 남은 레몬을 올려 연어에 뿌려 먹는다.

아코디언 꼬치

준비 45분 / 조리 30분

단단한 감자(250g) 4개
잘게 다진 소고기 400g
붉은 파프리카 1개
피망 1개
로메인 1개
엔다이브 1개
방울토마토 150g
그릭요거트 150g
마늘 크림 150g
바베큐소스 2큰술
파슬리 2줄기

타라곤 2줄기
타임 2줄기
케이퍼 1큰술
미니 오이피클 2개
올리브오일 6큰술
버터 30g
마늘 1쪽
통후추 1큰술
소금, 후추
플래터 50x32cm

1. 감자는 이등분한 뒤 채칼을 이용하여 아주 얇게 잘라서 꼬치에 끼운다.
2. 붉은 파프리카와 피망도 길게 잘라 꼬치에 끼운다. 소고기에 으깬 통후추를 뿌린 후 꼬치에 끼우고 소금을 뿌린다.
3. 녹인 버터, 으깬 마늘, 올리브오일 4큰술을 섞어서 감자에 바른다. 올리브오일 1큰술은 파프리카에 뿌린다.
4. 오븐 트레이에 고기를 제외한 모든 꼬치를 올리고 소금, 후추로 간한 뒤 180도 오븐에서 30분간 굽는다.
   끝나기 3분 전 오븐 트레이에 소고기 꼬치를 넣는다.
5. 그릭요거트, 다진 허브(파슬리, 타라곤, 타임), 케이퍼, 다진 오이피클, 소금, 후추, 올리브오일 1큰술을 고르게 섞어서 볼에 담는다.
6. 마늘 크림과 바베큐 소스를 각각 볼에 담아 5의 허브 소스와 함께 플래터 중앙에 올린다.
   꼬치와 방울토마토, 엔다이브, 길게 8등분 한 로메인을 보기 좋게 배치한다.

티안식 꼬치

준비 30분 / 휴지 1시간 / 조리 40분

가지 1개(400g)
병아리콩 캔(헹궈서 물기 제거하기) 150g
작고 붉은 파프리카 3개
호박 큰 것 1개(작은 건 2개)
양파 1개
바질 1줄기
마늘 2쪽
파프리카 가루 1작은술
타임 3줄기
리코타 250g

마스카르포네 치즈 100g
방울토마토 250g
셀러리 4줄기
블랙 올리브 200g
올리브오일
소금, 후추
올리브 크래커
그리시니 빵

플래터 50x32cm

1. 가지는 크게 큐브 형태로 자르고 체망에 놓고 소금 2꼬집을 뿌려 섞은 다음 수분이 빠지게 1시간 정도 그대로 둔다.
2. 병아리콩, 올리브오일 1큰술, 파프리카 가루, 으깬 마늘 1쪽, 다진 바질, 소금, 후추를 고르게 섞어서 차갑게 보관한다.
3. 파프리카는 마늘 1쪽, 양파 ½과 함께 200도 오븐에서 20분간 굽는다.
4. **파프리카 소스** : 구운 파프리카, 타임잎(1줄기), 소금, 후추, 마스카르포네 치즈, 올리브오일 1작은술을 함께 갈아서 차갑게 보관한다.
5. **리코타 소스** : 구운 양파, 리코타, 타임잎(1줄기), 소금, 후추, 올리브오일 1큰술을 함께 갈아서 차갑게 보관한다.
6. 가지는 수분을 짜서 물기를 제거하고 호박은 동그랗게 1cm 두께로, 파프리카는 2cm 넓이로 자른다. 남은 양파 ½개는 이등분해서 낱장으로 분리한다.
7. 꼬치에 손질한 가지, 호박, 파프리카, 양파를 꽂아서 오븐 트레이에 놓고 올리브오일 2큰술, 소금, 후추를 뿌린다. 남은 타임을 뿌리고 200도 오븐에서 20분간 굽는다.
8. 2의 절인 병아리콩을 볼에 담아 플래터에 올리고 소스 볼(파프리카 소스, 리코타 소스)을 옆에 둔다. 셀러리를 스틱 모양으로 잘라 다른 재료들과 함께 볼 주위로 놓고 바질잎으로 장식한다.

미트볼&꼬치 플래터

소시지와 구운 옥수수 꼬치

준비 30분 / 휴지 30분 / 조리 30분

소시지 다짐육 350g
베이컨 24장
생옥수수 2개
오이 고추(초록 & 홍) 3개
작은 양파 1개
마늘 1쪽
라임 1개
달걀 1개
빵가루 30g
고수 6줄기

바베큐소스 3큰술
진한 생크림 125g
파프리카 가루 1작은술
올리브오일 3큰술
소금, 후추
피타 빵 6장
플래터 원형 40cm
얼음 18조각을 위한 2개의 얼음 케이스

1. 베이컨 스터핑볼

- 소시지 다짐육, 양파, 다진 마늘, 달걀, 빵가루, 소금, 후추를 섞는다.
- 베이컨 12장을 한 장씩 얼음 크기에 맞게 접어서 얼음 케이스에 하나씩 넣는다.
- 1의 소시지 다짐육을 그보다 작고 동그랗게 빚어 베이컨 위에 올린 뒤 누르면서 얼음 구멍에 집어넣는다.
- 나머지 베이컨 12장을 각각 접어서 윗부분을 눌러 막는다.
- 그대로 냉동실에서 30분간 얼린다.

2. 옥수수는 길게 4등분 한다. 파프리카 가루, 소금, 후추, 올리브오일 2큰술을 섞어서 옥수수에 바른다.

3. 오이 고추는 4등분 하고 씨를 제거한다.

4. 냉동실에서 베이컨 스터핑볼을 꺼내 오븐 트레이에 올린다. 옥수수와 오이 고추도 트레이에 올리고 올리브오일 1큰술과 소금, 후추를 뿌린다.
200도 오븐에서 20분간 굽다가 파프리카, 옥수수를 먼저 꺼내고 바베큐 소스 2큰술을 스터핑볼에 발라 오븐에서 10분간 더 굽는다.

5. 진한 생크림, 바베큐소스 1큰술, 다진 고수를 섞어서 소스 볼에 담아 플래터에 올리고 그 주위에 나머지 준비된 재료들을 배열한다.

6. 피타 빵, 4등분한 라임, 고수를 올린다.

미트볼&꼬치 플래터

소고기 가지 꼬치

준비 25분 / 조리 35분

가지 2개(500g)
다진 소고기 400g
토마토 250g
바바 가누쉬(가지 후무스) 250g
석류 ¼개
어린 시금치 150g
민트 2줄기
마늘 1쪽
양파 1개
잣 15g

레몬 1개(4등분)
커민 한 꼬집
고춧가루 한 꼬집
계핏가루 한 꼬집
오레가노 한 꼬집
올리브오일 3큰술
소금, 후추
피타 빵
플래터 40x30cm

1. 가지는 1cm 두께로 자른다. 오븐 트레이에 올려 올리브오일 1큰술을 뿌리고 180도 오븐에서 30분간 굽는다. 소금 간 하고 식힌다.
2. 다진 소고기, 다진 양파와 마늘, 향신료(커민, 고춧가루, 계핏가루), 오레가노, 소금, 후추를 섞어서 작고 동그란 20개의 동그랑땡으로 빚는다.
3. 시금치는 씻어서 냄비에 넣고 올리브오일 1큰술을 넣고 뚜껑을 덮은채 5분간 익힌 후 소금으로 간한다.
4. 팬에 잣을 넣고 센불로 3분간 볶는다.
5. 플래터의 1/3정 도에 바바 가누쉬를 펼쳐 올리고 그 옆에 시금치, 피타 빵, 4등분 한 토마토, 가지를 배열한다.
6. 팬에 올리브오일 1큰술을 두르고 동그랑땡을 구워서 바바 가누쉬 위에 올리고 석류알, 구운 잣, 다진 민트를 뿌린다.
7. 피타 빵 위에 4등분 한 레몬을 올린다.

미트볼&꼬치 플래터

방울토마토 불레트*

준비 20분 / 조리 10분

방울토마토 250g
작은 호박 2개
얇은 잠봉(생햄) 10장
모차렐라 펄 치즈 250g
달걀 1개
빵가루 2큰술
발사믹 식초 1큰술

쪽파 1개
타임 2줄기
파마산 20g
올리브오일 3큰술
소금, 후추
바게트 1개
플래터 원형 40cm

* 불레트(*boulette*)
다진 고기, 채소 등을 동글게 빚어놓은 것으로
소스와 함께 먹는 요리

1. 방울토마토 16개는 꼭지를 딴다. 호박은 얇고 길게 자른다.
2. **호박/잠봉말이** : 잠봉도 호박처럼 넓게 잘라서 16장은 따로 놔두고 나머지 잠봉 위에 호박을 놓고 동그랗게 말아 준다.
3. 달걀물, 후추 한 꼬집을 잘 풀어준다. 또 다른 볼에 빵가루를 담는다.
4. **방울토마토 불레트** : 남겨 놓은 16장의 잠봉으로 방울토마토를 돌돌 만 뒤 달걀물에 담갔다가 빵가루를 고르게 묻히고 오븐 트레이에 올려놓는다.
5. 바게트 반은 슬라이스하고 나머지 반은 스틱 모양으로 자른다.
6. 오븐 트레이에 길게 자른 바게트를 올리고 올리브오일 1큰술을 뿌리고 파마산 치즈가루, 타임, 후추를 뿌린 다음 4의 방울토마토 불레트와 함께 220도 오븐의 그릴 아래서 10분간 굽는다.
7. 모차렐라 펄 치즈를 볼에 담아 올리브오일 2큰술, 다진 쪽파, 발사믹 식초, 소금, 후추를 뿌려서 플래터 중앙에 올리고 그 주위로 호박/잠봉말이, 방울토마토 불레트, 구운 바게트, 바게트 슬라이스를 배치한다.

미트볼&꼬치 플래터

머스터드 닭가슴살 불레트

준비 20분 / 조리10분

닭가슴살 250g
아스파라거스 작게 1다발
당근 2개(스틱 모양으로 자르기)
양송이버섯 150g (얇게 슬라이스 + 4등분)
로메인 1개(8등분)
블루 치즈(1조각)
생크림 120g
빵가루 60g
달걀 1개

샬롯 1개
대파 1개(4등분)
타라곤 1줄기
레몬 1개
올리브오일 2큰술
머스터드 1작은술
소금, 후추
바게트 ½개(슬라이스)
플래터 원형 34cm

1. 레몬은 이등분하여 반은 제스트와 즙을 짠다. 나머지 반은 4등분 한다.
2. 닭가슴살 불레트
- 다진 닭가슴살, 다진 샬롯, 다진 타라곤을 함께 섞는다.
- 달걀물, 빵가루, 레몬제스트, 올리브오일 1큰술, 소금, 후추를 섞어서 닭가슴살 다짐육에 고르게 바른다.
- 동그랗게 18개를 빚어 끓는 물에서 6~7분간 익힌다.
3. 아스파라거스는 찜기에 10분 정도 데친다.
4. **머스터드 크림소스** : 생크림, 레몬즙, 머스터드, 소금, 후추, 올리브오일 1큰술을 섞어서 볼에 담는다.
5. 플래터에 4의 소스 볼을 올리고 그 주위로 준비된 모든 재료를 조화롭게 배치한다.
6. 잘라 둔 레몬과 타라곤잎으로 장식한다.

미트볼&꼬치 플래터

잠봉 파마산 꼬치

준비 30분 / 조리 30분 / 휴지 15분

스시용 둥근 쌀 400g
아스파라거스 150g
방울토마토 150g
붉은 엔다이브 1개
잠봉(익힌 햄) 100g
잠봉(생햄) 8장
파마산 치즈가루 100g
고르곤졸라 치즈 1조각
고추기름에 절인 마늘 1큰술

마늘 1쪽
바질 2줄기
부추 3줄기
올리브오일 1큰술
소금, 후추
크래커
물 530㎖
플래터 45x 37cm

1. 쌀은 맑은 물이 나올 때까지 여러 번 씻는다. 냄비에 530㎖의 물과 쌀을 붓고 끓인다. 끓어오르면 뚜껑을 덮은 채로 15분간 중약불로 뜸을 들인다. 불을 끄고 15분간 뚜껑 덮은 채로 놔두었다가 큰 샐러드 그릇에 덜어서 식힌다.
2. 아스파라거스는 찜기에 15분간 데친다.
3. **토마토소스** : 토마토 10개, 마늘 1쪽, 바질 1줄기, 올리브오일, 소금, 후추를 함께 갈아서 볼에 담는다.
4. **라이스 불레트** : 샐러드 그릇에 밥의 ½을 담고 파마산 치즈가루, 후추 1작은술을 넣고 고르게 섞는다. 남은 ½의 밥에 바질, 부추, 잠봉(익힌)을 다져 넣어 고르게 섞는다. 손에 물을 묻혀가며 두 종류의 밥을 동그랗게 빚어 각각 20개의 라이스 불레트를 만든다.
5. 플래터에 절인 마늘을 담은 볼과 3의 토마토소스 볼을 대각선으로 올리고 두 가지 라이스 불레트를 배치한다.
6. 나머지 재료들도 보기 좋게 담고 바질잎으로 장식한다.

참치 라이스 불레트

준비 25분 / 조리 30분 / 휴지 15분

쌀 400g

참치 캔 90g

후무스 150g

크림치즈(필라델피아) 50g

당근 3개(스틱 모양으로 자르기)

오이 1개(동그랗게 썰기)

미니 파프리카 9개

레몬 ½개

마늘 1쪽

샬롯 1개

피망 퓌레 1작은술

올리브오일 1큰술

간장 1큰술

소금, 후추

물 530㎖

참깨 그리시니 빵

플래터 34x34cm

1. 쌀은 맑은 물이 나올 때까지 여러 번 씻는다. 냄비에 530㎖의 물과 쌀을 붓고 끓인다. 끓어오르면 뚜껑을 덮은 채로 15분간 중약불로 뜸을 들인다. 불을 끄고 15분간 뚜껑 덮은 채로 놔두었다가 큰 샐러드 그릇에 덜어서 식힌다.
2. 파프리카는 팬에 올리브오일을 두르고 센불에서 6~7분간 볶다가 다진 마늘, 소금을 첨가하고 1분간 더 볶는다.
3. **치즈 레몬 소스** : 크림치즈, 다진 부추, 레몬제스트, 다진 샬롯, 레몬즙, 소금, 후추를 섞어서 볼에 담는다.
4. 물기를 제거한 참치와 피망 퓌레를 고르게 섞는다.
5. **라이스 불레트** : 손에 물을 묻히고 밥 1큰술을 손에 얹어 4의 피망 참치 ½작은술을 넣고 동그랗게 빚는다. 반복해서 여러 개의 불레트를 만든다.
6. 후무스와 간장을 각각 작은 볼에 담아서 3의 치즈 레몬 소스 볼과 함께 플래터 중앙에 올리고 그 주위로 라이스 불레트, 오이, 당근, 그리시니 빵, 파프리카를 배치한다.

과일 플래터	178
초콜릿 플래터	180
잼, 꿀, 버터.	182
브런치	184
동화의 나라	186

달콤한 플래터

과일이나 쿠키 등 맛과 식감이 비슷한 각종 재료로 발랄하게 연출한 플래터
간식이나 디저트, 브런치, 사이드 메뉴로 활용하기 좋다.

달콤한 플래터

과일 플래터

준비 40분

초록 사과 1개	골드키위 1개
작은 사과 1개	그린 키위 2개
배 1개	적포도 1송이
석류 1개	청포도 1송이
자몽 1개	금귤 10개
오렌지 1개	블루베리 1팩
작은 바나나 3개	산딸기 1팩
패션푸르츠 2개	민트 1줄기
망고 1개	레몬 1개(즙)
파인애플 1개	**플래터** 원형 40cm

1. 모든 사과는 채칼을 이용해 얇게 자른 뒤 갈변이 되지 않도록 레몬즙을 뿌린다.
2. 배는 얇게 잘라 레몬즙을 뿌리고 석류는 4등분하여 2개만 알을 뺀다. 나머지 2개는 그대로 둔다. 자몽은 4등분 하고 오렌지는 동그랗게 썬다.
3. 바나나는 길게 이등분하고 레몬즙을 뿌린다. 패션푸르츠는 이등분한다.
4. 망고는 가운데 씨를 제외하고 양쪽으로 이등분한 뒤 껍질이 잘리지 않게 주의하며 과육을 격자 모양으로 자른 뒤 양말 뒤집듯 과육을 뒤집는다.
5. 파인애플은 길게 8등분 한 뒤 껍질을 그대로 둔 상태에서 2cm 두께로 자른다.
6. 키위는 톱니칼로 여러 번 잘라 사방이 지그재그 모양이 되게 한 뒤 둘로 분리해 놓는다.
7. 플래터에 모든 과일을 조화롭게 배치한 뒤 민트잎으로 장식하고 차갑게 두었다가 낸다.

달콤한 플래터

초콜릿 플래터

준비 25분 / 조리 10분 / 휴지 40분

제과용 다크 초콜릿 200g
제과용 화이트초콜릿 100g
뜨거운 에스프레소 커피 70㎖
생크림 100㎖
밀크 크런치 초콜릿바 1개
헤이즐넛 다크 초콜릿바 1개
네모난 비스켓 24개
크레페 쿠키 7개
사브레 쿠키 130g

헤이즐넛 플로렌틴 쿠키 100g
밀크초콜릿(페레로로셰) 3개
오레오 10개
바나나 2개
블루베리 100g
산딸기 100g
패션푸르츠 1개
플래터 40x 30cm

1. 크레페 쿠키를 유산지 위에 일렬로 놓는다.
2. 다크초콜릿 100g을 녹여서 작은 숟가락을 왔다 갔다 하며 크레페 쿠키에 그물 장식을 만들고 차가운 곳에 보관한다.
3. 비스킷을 으깨서 오목한 그릇에 담고 2에서 남은 초콜릿과 커피를 첨가해 잘 섞은 뒤 서늘한 곳에서 30분간 그대로 둔다.
4. 생크림을 끓여서 불을 끈 다음 다크 초콜릿 100g을 조각내어 넣고 10분 동안 놔두었다가 고르게 섞는다.
5. 패션 푸르츠는 이등분한 뒤 미니 체망에 과육을 넣고 즙을 내린다.
6. 4의 크림 초콜릿 1/2과 5의 패션푸르츠즙을 섞어서 패션 푸르츠 껍질 안에 붓고 따로 보관한다.
7. 남은 초콜릿은 다른 볼에 담는다.
8. 3의 비스켓 반죽을 20개의 볼로 빚은 뒤 꼬치에 꽂는다.
9. 화이트초콜릿을 녹인 뒤 7의 꼬치 절반만 화이트초콜릿에 담그고 유산지 위에 꼬치 20개를 놓는다.
10. 바나나는 동그랗게 비스듬히 자른다.
11. 플래터에 모든 재료를 조화롭게 배치한다.

달콤한 플래터

잼, 꿀, 버터

준비 5분

무염 버터 125g

오렌지 ½개(제스트)

꿀 1작은술

산딸기잼 1작은술

헤이즐넛 15개

건포도 15개

바게트 ½개

플래터 원형 30cm

1. 헤이즐넛을 굵게 으깬다. 버터는 오렌지제스트와 섞는다.
2. 플래터에 오렌지제스트 버터를 고르게 펼쳐 올린 뒤 반은 꿀을 뿌리고, 반은 잼을 바른다.
건포도와 헤이즐넛을 흩뿌리고 바게트 슬라이스를 곁들인다.

달콤한 플래터

브런치

준비 25분 / 조리 30분

훈제 송어(또는 훈제 연어) 150g

달걀 4개

베이컨 6장

잠봉(익힌 햄) 6장

메이플시럽 2큰술

콩테 치즈 1조각

바나나 1개

블루베리 150g

산딸기 150g

딸기 200g

레몬 ½개

버터 50g

딜 1줄기

마스카르포네 치즈 3큰술

산딸기 잼 3작은술

블루베리 잼 3작은술

소금, 후추

와플 4개

팬케익 6장

바게트 ½개

플래터 45x37cm

1. 오븐 트레이에 베이컨을 평평하게 올리고 메이플시럽을 발라 200도 오븐에서 10~15분간 노릇하게 굽는다.
2. **마스카르포네 크림** : 마스카르포네 치즈, 레몬즙, 소금, 후추, 다진 딜의 절반을 고르게 섞는다.
3. 바게트는 길게 잘라 그릴에서 굽는다.
4. 딸기는 4등분 하고 바나나는 동그랗게 썬다.
5. 달걀은 물 2큰술을 넣고 잘 푼다. 팬에 버터 10g을 넣고 중불에서 달걀물을 붓고 2~3분간 멈추지 않고 저어가며 달걀을 촉촉하게 익힌 뒤 소금, 후추로 간하고 플래터에 팬 그대로 올린다.
6. 2의 마스카르포네 크림과 산딸기 잼, 블루베리 잼을 각각 볼에 담아 플래터 중앙에 올리고 팬케익과 와플, 나머지 재료들을 보기 좋게 올린다.
7. 남은 레몬을 4등분해서 연어 주변에 올리고 다진 딜로 장식한다.

달콤한 플래터

동화의 나라

준비 45분 / 조리 1시간

달걀 흰자 2개

설탕 150g

마스카르포네 치즈 250g

화이트 초콜릿 200g

식용 색소(파랑, 빨강, 노랑)

식용 금가루

버터 와플 4개

시가렛 과자 8개

산딸기 비스켓 12개

초코봉봉(화이트 초콜릿) 9개

라파엘로(코코넛볼) 9개

추파춥스 사탕 6개

차멜로우(하리보) 8개

스마티스(색색 초콜릿) 1팩

신맛 색색 끈 젤리 4개

신맛 젤리 12개

과일맛 롤 8개

레인보우 스프링클

색색 설탕 펄

산딸기 100g

플래터 40x30cm

1. 달걀 흰자와 설탕 75g을 섞어서 단단하게 휘핑한 뒤 남은 설탕을 마저 넣고 10초 더 휘핑한다.
2. 그릇을 3개 준비해 1을 나누어 담은 뒤 첫 번째 그릇에 빨간 색소 1방울과 파란 색소 1방울을 떨어트리고 부드럽게 섞는다. 두 번째 그릇에 노란 색소 1방울을 넣고 웨이브가 생기도록 부드럽게 섞는다. 세 번째 그릇에는 금가루 ½작은술을 넣는다.
3. 오븐 트레이에 유산지를 깔고 2를 10개의 머랭으로 나누어 올려서 120도 오븐에서 1시간 정도 구운 뒤 그대로 식힌다.
4. 화이트 초콜릿을 중탕해서 마스카르포네 치즈 ½을 넣고 휘핑한 뒤 시가렛 과자의 끝과 와플 가장자리에 바르고 무지개색 스프링클과 색색 펄을 뿌린 뒤 유산지 위에 올려 식힌다.
5. 나머지 마스카르포네 치즈로 플래터 중앙에 대각선으로 흐르는 강 모양을 만든다. 색색 끈 젤리로 길게 장식한다. 나머지 재료들을 조화롭게 배치한 뒤 색색 설탕 펄로 장식한다.

맛과 멋을 사로잡은 홈파티 요리

청담동 프라이빗 요리 수업

집밥으로 즐기는 미니 코스 요리

제철 재료, 제철 음식으로 차린 사계절 미니 코스 요리
평범한 집밥을 고급 요리로 변신시키는 차별화된 재료
집밥이지만 쉐프의 요리처럼 보이는 고급스러운 플레이팅
제철 요리와의 밸런스를 고려한 계절별 추천 와인
· 목진희 지음 | 값 22,000원

문스타테이블 핑거푸드

맛과 멋을 사로잡은 한입 요리

근사한 홈파티를 계획할 때, 아이를 위한 건강하고
맛있는 간식이 고민될 때, 제대로 된 안주를 곁들여
와인 한 잔이 생각날 때, 피크닉에 들고 갈 도시락을 쌀 때,
케이터링에 관련된 영감이 필요할 때,
핑거 푸드가 필요한 일상의 모든 순간에 꼭 필요한 책.
· 문희정 지음 | 값 18,000원

문스타테이블 홈파티

홈파티 스타일링 북

나누는 행복, 먹는 즐거움, 플레이팅에 대한 자신감을 높여주는
홈파티 스타일링 북. 연말 파티, 생일, 손님 초대 등 특별한 날
활용하기 좋은 요리부터 다양한 플레이팅 팁을 담았다.
· 문희정 지음 | 값 15,000원

참 쉬운 프랑스 요리

팬 하나로 다 되는
프랑스 가정식 오븐 요리

프로방스허브 통닭구이, 뵈프 부르기뇽, 가리비 관자 채소 구이, 크림 홍합찜, 에그인헬(샥슈카), 파스닙 수프 등 프랑스 정통 요리부터 서양의 대중 요리까지 가정식 오븐으로 쉽고 건강하게 즐긴다.
· 몰리 슈스터 지음 | 레베나 주네 사진 | 배혜정 옮김 | 값 27,000원

프랑스 오픈 샌드위치 타르틴
슬라이스한 빵 위에 환상의 조합

타르틴은 슬라이스한 빵 위에 치즈나 고기, 생선, 야채, 과일 등 궁합이 맞는 갖가지 재료를 심플하면서도 풍성하게 올려 먹는 프랑스 오픈 샌드위치다. 빵 위에 무엇을 올리느냐에 따라 맛과 모양에 수많은 변주가 가능해 가벼운 식사부터 애피타이저, 브런치, 와인 안주, 홈파티 요리 등 다양한 형태로 즐길 수 있다.
· 사브리나 포다롤 지음 | 배혜정 옮김 | 값 25,000원

미식가의
프렌치 샐러드
프랑스 정통 샐러드부터 퓨전 샐러드까지

프랑스는 미식의 천국답게 음식의 종류는 물론 이국적이고 특색 있는 식재료가 넘쳐난다. 이러한 프랑스 식문화를 고스란히 반영해 프랑스 정통 샐러드부터 프랑스인이 자주 즐기고, 프랑스에서 쉽게 만날 수 있는 다채로운 퓨전 샐러드를 담았다.
· 수 퀸 지음 | 배혜정 옮김 | 값 18,000원

옮긴이 **배혜정**

미술사 공부를 위해 유학을 떠나 프랑스에 살면서 다양한 프랑스 음식을 접했다.
귀국 후 와인 관련 회사에 몸담았고 대치동에서 프렌치 레스토랑과 쿠킹 클래스를 운영했다.
현재 와인 수입업에 종사하고 있다. 옮긴 책으로 『미식가의 프렌치 샐러드』, 『프랑스 오픈 샌드위치 타르틴』,
『팬 하나로 다 되는 프랑스 가정식 오븐 요리』가 있다.

쟁반 위의 만찬
프렌치 플래터

초판 1쇄 인쇄 2024년 1월 10일
초판 1쇄 발행 2024년 1월 22일

지은이 사브리나 포다 롤
옮긴이 배혜정

발행인 장인형
임프린트 대표 노영현

펴낸 곳 다독다독
출판등록 제313-2010-141호
주소 경기 고양시 덕양구 청초로 66 덕은리버워크 A동 2003호
전화 **02-6409-9585**
팩스 **0505-508-0248**
ISBN **979-11-91528-19-0 13590**

PLANCHES À PARTAGER by Sabrina Fauda-Rôle
Copyright © Hachette Livre (Marabout), Paris, 2023
All rights reserved.
Korean translation rights © DADOKDADOK
an imprint of TIUMBOOKS, (2004)
Korean translation rights are arranged with
Hachette Livre (Marabout) through Amo Agency Korea.

이 책의 한국어판 저작권은 AMO 에이전시를 통해 저작권자와 독점 계약한
다독다독 (틔움출판의 임프린트)에 있습니다.
저작권법에 의해 한국 내에서 보호를 받는 저작물이므로
무단 전재와 무단 복제를 금합니다.

*잘못된 책은 구입한 곳에서 바꾸실 수 있습니다.
다독다독은 틔움출판의 임프린트입니다.